Erste Hilfe zum Geschäftsgeheimnisschutzgesetz (GeschGehG)

Know-how-Schutz
im Unternehmen

von

Dr. Michael Rath
Paul Schreiner
Sebastian Laoutoumai, LL.M.

C.H.BECK

Vorwort

Know-how (als Oberbegriff für Geschäfts- und Betriebsgeheimnisse) ist der Kernbestandteil der Wertschöpfung vieler Unternehmen und daher unbedingt schützenswert. Der rechtliche Rahmen zum Schutz von Geschäftsgeheimnissen war bislang europaweit uneinheitlich. Die Europäische Union hat zur Vereinheitlichung und zum umfassenden Schutz von Geschäfts- und Betriebsgeheimnissen in 2016 die sog. Know-how-Richtlinie erlassen, die den Geheimnisschutz in der Europäischen Union weitestgehend harmonisiert. In Deutschland wurde die Know-how-Richtlinie umgesetzt durch das „Gesetz zur Umsetzung der Richtlinie (EU) 2016/943 zum Schutz von Geschäftsgeheimnissen vor rechtswidrigem Erwerb sowie rechtswidriger Nutzung und Offenlegung", kurz: Geschäftsgeheimnisschutzgesetz oder GeschGehG.

Das Geschäftsgeheimnis wird nunmehr (neben Marken und Patenten etc.) zu einem weiteren Immaterialgüterrecht. Der rechtliche Schutz von Know-how hängt aber davon ab, dass das Unternehmen „angemessene Geheimhaltungsmaßnahmen" ergriffen hat. Diese Broschüre soll dabei helfen, einen Überblick über die neuen Anforderungen an den Geheimnisschutz zu erhalten. Anhand von konkreten Mustern, Vertragstexten und Formulierungen werden praktische Hinweise zur Einführung angemessener Maßnahmen zum Geheimnisschutz im Unternehmen gegeben. Eine Rechtsberatung kann diese Informationsbroschüre jedoch nicht ersetzen.

Köln, Essen, im April 2019

Dr. Michael Rath, Paul Schreiner
und Sebastian Laoutoumai, LL.M.

Inhaltsverzeichnis

1. Kapitel. Anwendungsbereich und rechtliche Rahmenbedingungen

Das Geschäftsgeheimnisschutzgesetz (GeschGehG) betrifft kurz gefasst Informationen, die weder allgemein bekannt oder ohne weiteres zugänglich sind und daher für ein Unternehmen einen wirtschaftlichen Wert haben (Geschäftsgeheimnis). Wenn Sie in Ihrem Unternehmen solche Geschäftsgeheimnisse haben, für die ein berechtigtes Interesse an Geheimhaltung besteht, ist der Anwendungsbereich des GeschGehG eröffnet und Sie sollten sich mit dem GeschGehG näher auseinandersetzen.

I. Das Geschäftsgeheimnis

Im GeschGehG ist die Definition des Geschäftsgeheimnisses in vier Komponenten aufgeteilt: Die Information, der wirtschaftliche Wert, angemessene Geheimhaltungsmaßnahmen und das berechtigte Interesse an der Geheimhaltung. Diese vier Voraussetzungen müssen kumulativ vorliegen, um die Definition des Geschäftsgeheimnisses zu erfüllen.

DEFINITION GESCHÄFTSGEHEIMNIS

Nach § 2 Nr. 1 GeschGehG ist ein Geschäftsgeheimnis eine

1. **Information**, die **weder** insgesamt noch in genauer Anordnung und Zusammensetzung ihrer Bestandteile den Personen in den Kreisen, die üblicherweise mit dieser Art von Informationen umgehen, **allgemein bekannt oder ohne weiteres zugänglich** ist und daher
2. **von wirtschaftlichem Wert** ist und
3. **Gegenstand von** – den Umständen nach angemessenen – **Geheimhaltungsmaßnahmen** durch den rechtmäßigen Inhaber ist und
4. bei der ein **berechtigtes Interesse an der Geheimhaltung** besteht.

1. Information

Als **Information** bezeichnet man jedes wettbewerbsrelevante und existenzielle Wissen im Unternehmen. Fälschlicherweise wird der Begriff „Know-how" oft nur mit technischen Sachverhalten in Verbindung gebracht. Dabei umfasst der Begriff auch technologisches Wissen, Kenntnisse, Erfahrungen, Prozesse, Produkte, Märkte oder auch Geschäftsdaten wie Kunden- und Lieferanteninformationen, Businesspläne sowie Marktforschung und Marktstrategien. Es kann sich also sowohl um technisches als auch um kaufmännisches oder unternehmensrelevantes Sonderwissen handeln. Um sich endgültig von dem Technik behafteten Begriff des Know-how zu lösen und ein besseres Verständnis für die neu geschaffenen Regelungen zu bekommen, sollte man sich auf die Begrifflichkeiten des GeschGehG einlassen und den Begriff des Geschäftsgeheimnisses verwenden.

2. Wirtschaftlicher Wert

Unter **wirtschaftlichem Wert** wird der reale, aber auch der potenzielle Handelswert der Information oder des Know-how verstanden. Demnach führt das unrechtmäßige Erlangen, Offenlegen oder Nutzen der Information dazu, dass die Interessen der Person, die die rechtmäßige Kontrolle ausübt, verletzt werden, indem wirtschaftliches bzw. technisches Potenzial, geschäftliche und finanzielle Interessen als auch die strategische Position bzw. die Wettbewerbsfähigkeit der Person gefährdet werden. Informationen die leicht zugänglich, generell bekannt oder schlicht belanglos sind, werden vom Schutz des Gesetzes nicht erfasst.

3. Angemessene Geheimhaltungsmaßnahmen

Angemessene Geheimhaltungsmaßnahmen sind Maßnahmen, die der Gesetzgeber unbestimmt gelassen hat, welche aber von den Unternehmen die größte Aufmerksamkeit und Arbeit abverlangen. Durch diese Anforderung ist es notwendig, dass Unternehmen ihre Prozesse beleuchten und so Informationen identifizieren und klassifizieren, um sie anschließend angemessen vor unberechtigten Handlungen und Eingriffen zu schützen. Nur dann profitieren Unternehmen vom Schutz durch das GeschGehG.

4. Berechtigtes Interesse

Die Richtlinie selbst kennt das Erfordernis nach einem **„berechtigten Interesse"** im Rahmen der Definition des Geschäftsgeheimnisses nicht. Der deutsche Gesetzgeber hat dieses Merkmal nachträglich (auf Drängen einiger Verbände) in das GeschGehG aufgenommen, um der bisherigen Rechtsprechung des Bundesverfassungsgerichts Rechnung zu tragen. Danach muss ein Unternehmen darlegen, warum es ein berechtigtes Interesse an der Geheimhaltung bestimmter Informationen hat. Das führt zu einer Verschärfung der Voraussetzungen für das Vorliegen eines Geschäftsgeheimnisses, denn die Frage, ob ein Interesse „berechtigt" ist, wird anhand objektiver Kriterien zu beantworten sein, sodass nicht jedes individuelle unternehmenseigene Interesse auch als „berechtigt" zu werten sein wird.

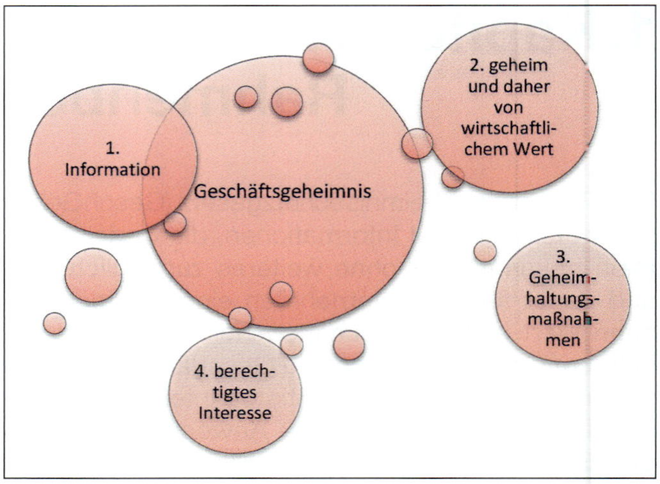

BEISPIELE

Technologisches Wissen, Rezepturen, Einkaufskonditionen, Kenntnisse im Umgang mit Produkten oder Software, Erfahrungen, Kundendaten, Lieferantendaten

Checkliste: Anwendbarkeit des GeschGehG

Frage	Ja	Nein
Verfügt Ihr Unternehmen über exklusives Wissen, d. h. ist dieses Wissen weder allgemein bekannt noch ohne weiteres für jedermann zugänglich?	❐	❐
Ist das Wissen in einem internen Verzeichnis bereits systematisch nach Kategorien (z. B. technisch/kaufmännisch) sowie weiteren Unterkategorien erfasst worden?	❐	❐
Wurden die gesamten Wertschöpfungsprozesse in Ihrem Unternehmen systematisch auf potentiell vorhandene Besonderheiten und Alleinstellungsmerkmale analysiert?	❐	❐
Ist das Wissen insbesondere nach Schutzklassen (z. B. „vertraulich", „geheim" und „streng geheim") klassifiziert worden?	❐	❐
Sind die Risiken der unerlaubten Erlangung, Nutzung und Offenlegung bei der Implementierung des Sicherheitskonzeptes berücksichtigt worden?	❐	❐
Ergibt sich der jeweilige Informationswert gerade aus der Exklusivität der Information, d. h. besteht wegen der Alleinstellungsposition ein Vorteil gegenüber Wettbewerbern?	❐	❐
Existieren bereits interne und/oder externe Zugriffsbeschränkungen in Bezug auf diese Informationen?	❐	❐
Existiert in Ihrem Unternehmen ein Informationsschutzkonzept, das alle unternehmerischen Bereiche in Bezug auf geheimhaltungsbedürftige Informationen umfasst?	❐	❐
Haben Sie durch schriftliche Anweisung Ihre Richtlinien zum Geheimnisschutz konkretisiert?	❐	❐
Gibt es einen Sicherheitsverantwortlichen, der als zentraler Ansprechpartner und Koordinator für sämtliche Fragen des Geheimnisschutzes zuständig ist?	❐	❐
Werden Hinweise auf Informationsverluste systematisch erfasst und analysiert?	❐	❐
Enthalten die Arbeitsverträge individuelle Geheimhaltungsklauseln im Hinblick auf die Nutzung von Geschäftsgeheimnissen?	❐	❐
Betreibt Ihr Unternehmen Markt-/Konkurrenzbeobachtung, um möglichst frühzeitig Hinweise auf Informationsverluste zu erhalten?	❐	❐

II. Hintergrund des Geschäftsgeheimnisschutzgesetzes

1. Gefährdungslage und Bedeutung von Know-how-Schutz

Die heutige Wirtschaft ist wissenschafts- und innovationsbasiert. Der Verlust oder Missbrauch von vertraulichen Informationen kann Unternehmen ernsthaft schaden. Gerade der deutsche Mittelstand ist besonders von Geschäftsgeheimnissen abhängig. Umso erschreckender ist, dass bereits 1/3 der deutschen Unternehmen Opfer von Spionage und Informationsabfluss waren, wobei 1/4 der Unternehmen gar nicht wissen, dass sie bereits ausspioniert wurden.

Die größte Gefahrenquelle für den Verlust von Know-how, Geschäftsgeheimnissen und Wissen „Made in Germany" sind neben Wettbewerbern, organisierter Kriminalität und ausländischen Nachrichtendiensten leider auch Kunden, Kooperationspartner oder gar die eigenen Mitarbeiter, wenn diese nicht richtig auf den Geheimnisschutz vorbereitet werden. Diesen Gefahren gilt es beim Schutz von Geschäftsgeheimnissen zu begegnen.

2. Bedürfnis für das Geschäftsgeheimnisschutzgesetz

Schon vor Inkrafttreten des GeschGehG gab es in den einzelnen Mitgliedsstaaten der Europäischen Union diverse Vorschriften zum Schutz von Geschäftsgeheimnissen. Allerdings wichen diese nationalen Vorgaben zum Geheimnisschutz stark voneinander ab. Ein einheitlicher und homogener Schutz von Geschäftsgeheimnissen im europäischen Binnenmarkt war somit bis zum jetzigen Zeitpunkt nicht gewährleistet.

Nach bisheriger Rechtslage waren Geschäftsgeheimnisse zivilrechtlich nur unzureichend durch wenige Spezialgesetze geschützt. Daher kam den vertraglich vereinbarten Geheimhaltungspflichten, vorrangig aus Arbeits- und Lizenzverträgen, eine besondere Bedeutung zu. Zudem waren die außervertraglichen Ansprüche bislang nicht abschließend geregelt.

Weiterer Hintergrund: Bisher befassten sich die §§ 17, 18 des Gesetzes gegen den unlauteren Wettbewerb (UWG) alte Fassung (a. F.) mit dem Verrat von Geschäfts- und Betriebsgeheimnissen. Diese Vorschriften umfassten jedoch nicht alle möglichen Angriffsarten und ließen dabei auch die Fragestellung der nachvertraglichen Verschwiegenheitspflicht unbeantwortet. Die §§ 17, 18 UWG a. F. werden nun durch das GeschGehG aufgehoben.

Zudem stellten die §§ 17, 18 UWG a. F. Strafvorschriften dar, womit zivilrechtlicher Schutz (bspw. ein Anspruch auf Unterlassen, Schadensersatz) erst unter Zuhilfenahme der Vorschriften des Bürgerlichen Gesetzbuches durchsetzbar war. Ferner war ein geheimes Verfahren bei der gerichtlichen Durchsetzung von Ansprüchen aufgrund des Verrats von Geschäfts- und Betriebsgeheimnissen weder in der ordentlichen Gerichtsbarkeit noch in der Arbeitsgerichtsbarkeit gewährleistet.

3. Know-how-Richtlinie und Geschäftsgeheimnisschutzgesetz

Mit der Umsetzung der Geheimnisschutz-Richtlinie (EU) 2016/943 zur Umsetzung des Plans zur *„Innovationsunion 2020"* (auch Know-how-Richtlinie genannt) soll die grenzüberschreitende Zusammenarbeit zwischen den Unternehmen gestärkt und der EU-Binnenmarkt als „Motor" für Innovation und Wirtschaftswachstum mobilisiert werden. Der deutsche Gesetzgeber hat diese Vorgaben der EU-Richtlinie im neu geschaffenen „Gesetz zum Schutz von Geschäftsgeheimnissen (GeschGehG)" umgesetzt und stellt so auch einen zivilrechtlichen Schutz der Geschäftsgeheimnisse sicher. Neben dieser Erweiterung und Klarstellung des Geheimnisschutzes legt das neu geschaffene Gesetz den Unternehmen jedoch auch Pflichten auf. Es knüpft den Schutz durch das Gesetz an das Vorhandensein von „angemessenen Schutzmaßnahmen". Somit bedarf es zur Geltendmachung von Rechten nach dem GeschGehG eines Schutzkonzeptes, welches auf die speziellen Anforderungen des jeweiligen Unternehmens angepasst ist. Einen Vorschlag für die Erarbeitung eines solchen Schutzkonzeptes finden Sie in dieser Broschüre. Bei der Wahl der für das jeweilige Unternehmen angemessenen Schutzmaßnahmen sind Größe, Struktur, Produktpalette, Finanzkraft und „Gefährdungssituation" des Unternehmens zu berücksichtigen. Ein pauschal und für jedes Unternehmen passendes Schutzkonzept kann es daher nicht geben. Die Ausarbeitung und Durchsetzung („Enforcement") eines solchen Schutzkonzeptes im Unternehmen ist vielmehr eine umfangreiche und interdisziplinäre Aufgabe, welche die Geschäftsführung zu koordinieren hat und durch die jeweiligen Fachabteilungen umzusetzen ist.

III. Abgrenzung zu anderen Schutzrechten

Betrachtet man die klassischen gewerblichen Schutzrechte (wie beispielsweise Patent, Marke, Design und Geschmacksmuster) im Hinblick auf ihre Schutzvoraussetzungen, so erkennt man, dass Patent, Marke und Design ihren Schutz erst auf Antrag und im Grundsatz erst durch Eintragung, also durch einen Publizitätsakt, erhalten. Daher werden Patente, Marken und Designs auch als Registerrecht(e) bezeichnet. Während beim Patent die Eintragung in das Register zwingend ist, kann Marken- und Designschutz im Einzelfall auch durch die reine Benutzung entstehen. Gleichzeitig wird dieser Schutz durch Gesetz grundsätzlich auch zeitlich begrenzt. Eine Ausnahme hiervon macht das Markenrecht, denn hier kann der Schutz theoretisch zeitlich unbegrenzt reichen. Das Geschäftsgeheimnis steht in dieser Hinsicht losgelöst von formalen Anträgen unter dem Schutz des Gesetzes und ist auch zeitlich keinerlei Schutzfrist unterworfen.

Der Schutz von Geschäftsgeheimnissen hängt dagegen von der tatsächlichen Geheimhaltung der schützenswerten Information ab und ist nicht wie im Immaterialgüterrecht bei Patent und Marke an festgelegte Parameter, wie etwa die Technizität und Neuheit beim Patent oder der Unterscheidungskraft bei der Marke, gebunden. Geschäftsgeheimnisse schließen eine Schutzlücke überall dort, wo das geistige Eigentum nicht in das starre Korsett der gewerblichen Schutzrechte passt. Gleichzeitig kann es auch Überlappungen im Schutz geben.

Überblick über die wichtigsten Rechte des geistigen Eigentums

	Patent	Marken	Urheberrecht	Design	Geschäftsgeheimnis
Zweck	Schutz technischer Innovationen	Kennzeichenschutz	Schutz der persönlichen geistigen Schöpfungen	Schutz der äußeren Erscheinung von Erzeugnissen	Schutz von geheimen Informationen
Rechtfertigung	• Schaffung von Anreizen, um innovativ tätig zu werden • Belohnung der erfinderischen Leistung	Schutz der Unterscheidungsfunktion des Kennzeichens, daneben auch der Schutz des Werbewerts der Marke	• Schutz der Persönlichkeit des Urhebers • Belohnung und Alimentation des Urhebers • Kulturförderung • Investitionsschutz	alleinige und ungestörte Verwertung und Nutzung für den Rechtsinhaber	• Geheimhaltungsinteresse des einzelnen Unternehmens an technischer und organisatorischer Innovation • Eindämmung von Wirtschaftsspionage
Gegenstand	Erfindung	Kennzeichen	Werke (insbesondere Sprach-, Musik- und Kunstwerke)	zwei- oder mehrdimensionale Erscheinungsform eines ganzen Erzeugnisses oder eines Teils davon, die sich insbesondere aus den Merkmalen der Linien, Konturen, Farben, der Gestalt, Oberflächenstruktur oder der Werkstoffe des Erzeugnisses selbst oder seiner Verzierung ergibt	nicht allgemein bekannte Informationen, die Gegenstand von angemessenen Schutzmaßnahmen sind

	Patent	Marken	Urheberrecht	Design	Geschäfts-geheimnis
Entstehung	Erteilung durch DPMA oder EPA	Eintragung durch DPMA oder EU IPO oder Verkehrsgeltung	Schaffung des Werks im Rahmen einer bestimmten Schöpfungshöhe	Eintragung durch DPMA	Etablierung angemessener Schutzmaßnahmen zum Schutz der Informationen
Wesentliche Schutzvoraussetzungen	• Erfindung • Neuheit	• Unterscheidungskraft • kein Freihaltebedürfnis	• persönliche geistige Schöpfung	• Neuheit • Eigenart des Design	• nicht allgemein bekannte Information • wirtschaftlicher Wert • Schutzmaßnahmen • berechtigtes Interesse an der Geheimhaltung
Umfang	schützt im Rahmen der Patentansprüche gegen jede Nutzung der Erfindung (auch gegen unabhängige Parallelerfindungen)	schützt gegen unbefugte Nutzung der Marke	• Schutz der Ausdrucksform • kein Schutz gegen Parallelschöpfung • Schutz gegen körperliche und unkörperliche Nutzbarkeit	ausschließliches Recht der Benutzung und das Benutzen einem Dritten zu verbieten. Benutzen umfasst insbesondere: • Herstellung • Anbieten • Inverkehrbringen • Einfuhr • Ausfuhr	schützt gegen eine unbefugte Nutzung, Erlangung oder Verbreitung der geheimen Information
Übertragbarkeit	unbeschränkt	unbeschränkt	keine Übertragbarkeit unter Lebenden wegen des persönlichkeitsrechtlichen Einschlags	kann übertragen werden oder übergehen	unbeschränkt
Schutzdauer	20 Jahre	grundsätzlich 10 Jahre, aber Verlängerung möglich	70 Jahre nach dem Tod des Urhebers	25 Jahre ab dem Anmeldetag	unbegrenzt

2. Kapitel. Vorgehensweise beim Schutz von Geschäftsgeheimnissen

I. Management von Geschäftsgeheimnissen und Know-how-Schutz

Für einen effektiven Geheimnisschutz bedarf es eines strukturierten Vorgehens. Das Management von Geheimnisschutz im Unternehmen bedeutet, alle relevanten Personen, Verantwortlichkeiten und Abläufe zu identifizieren und geeignete Prozesse zum Schutz sensitiver (und damit potentiell im Sinne des GeschGehG relevanter) Informationen zu etablieren. Der Schutz von Informationen in allen Geschäftsprozessen wird durch angemessene Schutzmaßnahmen sichergestellt, kontrolliert und verbessert.

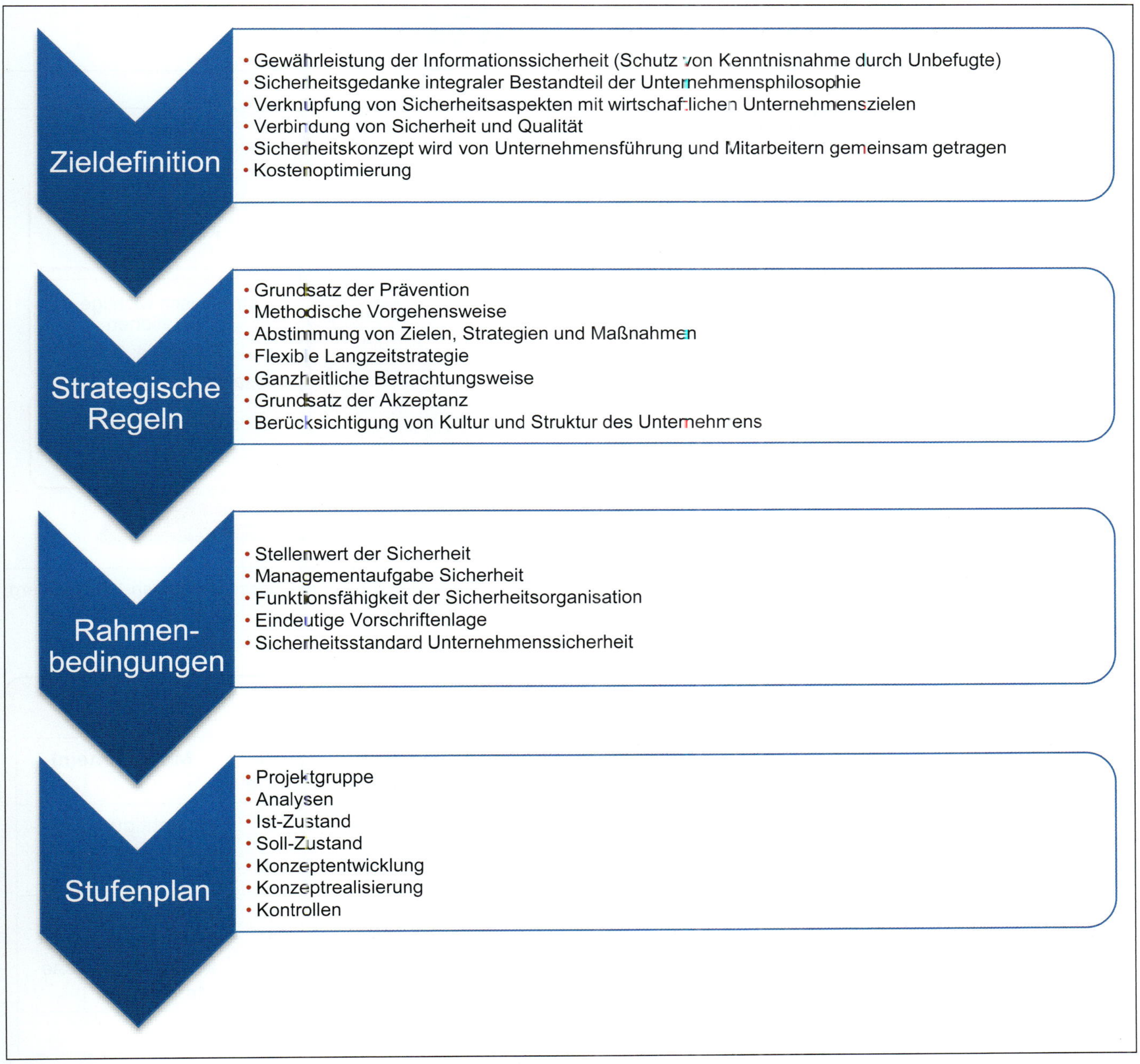

Die Vorgehensweise beim Management von Geschäftsgeheimnissen stellt sich wie folgt dar:

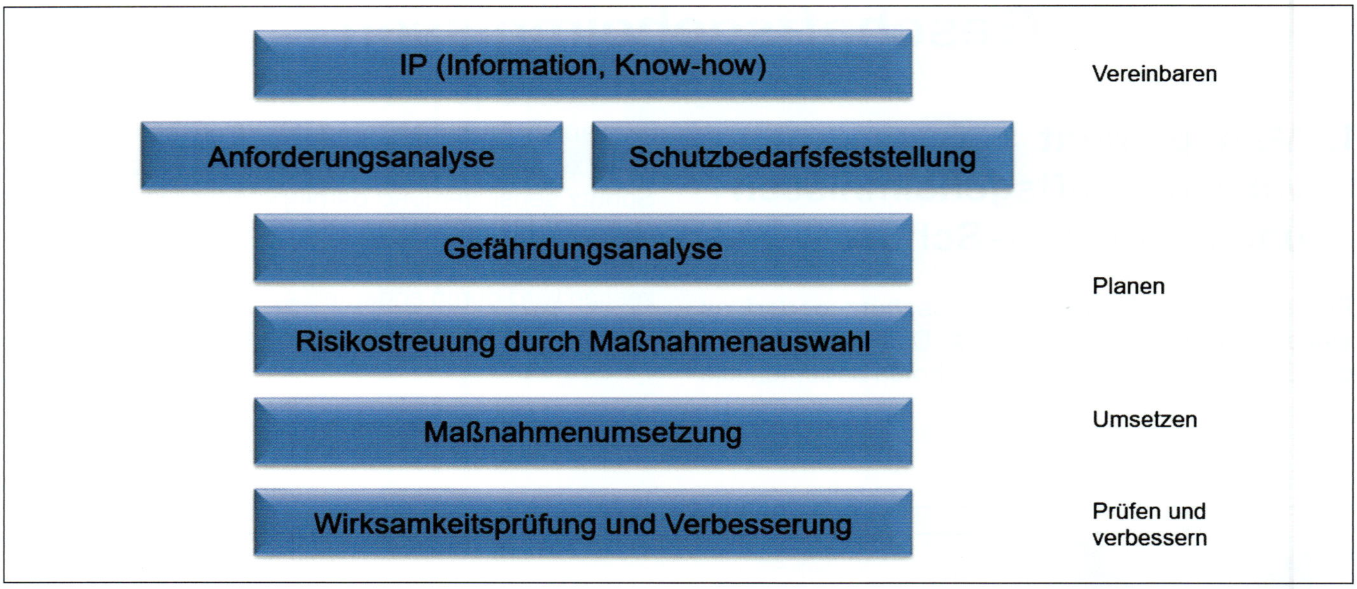

1. Identifikation von Know-how

Zur Definition und Strukturierung von Geschäftsgeheimnissen einschließlich der Identifikation und Ermittlung des Informationskreislaufs bedarf es eines methodischen und organisierten Vorgehens. Bei der Identifikation muss die Frage gestellt werden: Was soll eigentlich geschützt werden? Dieser Schritt beschreibt einen möglichen Ansatz zur Erkennung und Bewertung des unternehmenseigenen Wissens. Die zu schützende Information muss (noch) geheim und wirtschaftlich wertvoll sein. Dies ist dann der Fall, wenn sie dem Geheimnisträger einen Wettbewerbsvorteil verschafft. Es gilt hierbei folglich eine Bestandsaufnahme zu machen: Das Unternehmen muss wissen, welche Information es aus welchem Grund geheim halten will. Da der Wert von Informationen nicht pauschal bewertet werden kann, muss zunächst der individuelle Wert festgelegt und die Informationen in Kategorien eingeteilt werden. Es bietet sich hierfür die Klassifizierung anhand eines Dreistufenmodells an.

Die Schlüssel-Informationen bilden oft den kleinsten, aber wertvollsten Teil des schützenswerten Unternehmenswissens. Daher sollte man bei der Planung bzw. Ausgestaltung der angemessenen Schutzmaßnahmen mit diesem Teil beginnen.

Diese Geheimnisse sollten sinnvollerweise dokumentiert und eine eindeutige Bezeichnung erhalten, um diese (zu Nachweiszwecken) in einem Verzeichnis festzuhalten. Dieses Geschäftsgeheimnis-Verzeichnis sollte die Bezeichnung, die Klassifikation und die implementierte Maßnahme, aber nicht die zu schützende Information selbst beinhalten.

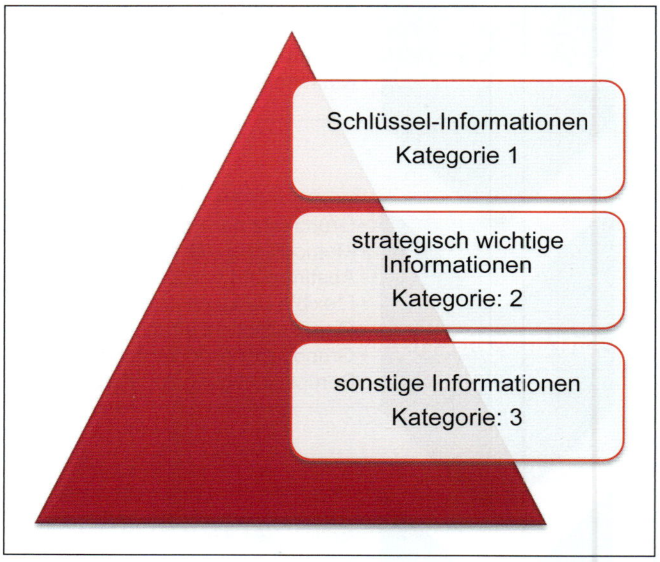

Quelle: Landesamt für Verfassungsschutz Baden-Württemberg, „Know-how-Schutz“

BEISPIEL

Nr.	Bezeichnung	Kategorie	Maßnahme(n)
001	Kundenliste	2	Berechtigungskonzept, Verschlüsselung
002	Fertigungsprozess-01/TX/23-04	1	Berechtigungskonzept, Zugangskontrolle, bauliche Maßnahmen
...	...	...	...

Es bedarf hier also einer schlanken, aber stetig zu aktualisierenden Dokumentation. Dazu kann man sich folgende Fragen stellen:

- ➔ In welchen Organisationsbereichen wird mit welcher Art von Information gearbeitet?
- ➔ Welche Person benötigt Zugang zu welchen Informationen?
- ➔ Können derzeit Mitarbeiter aus anderen Organisationsbereichen oder fremde Unternehmen auf die Informationen zugreifen?

2. Anforderungsanalyse

Im zweiten Schritt sollte eine Methodik zur Erkennung und Erfassung aller relevanten Anforderungen an den Geheimnisschutz definiert werden (DIN- oder ISO-Normen sowie Gesetze oder andere Standards). Es werden u. a. betrachtet:

- Geschäftsprozessanforderungen (z. B. im Innovationsprozess, beim Technologietransfer, Marketing, HR, informationszentrierte Geschäftsprozesse, Informationsmanagement);
- Kundenanforderungen (etwa aufgrund von Geheimhaltungsverpflichtungen);
- Lieferantenanforderungen (Kennzeichnungspflichten).

3. Schutzbedarfsfeststellung

Der Schutzbedarf des Geheimnisses ist anhand einer definierten Vorgehensweise (ähnlich einer „Business Impact Analyse“ (BIA) im Umfeld IT-Sicherheit) je nach Einsatzzweck festzustellen.

4. Gefährdungsanalyse

Im Rahmen der Gefährdungsanalyse werden die Geschäftsgeheimnisrisiken systematisch analysiert und bewertet. Zu den zu betrachtenden Handlungsfeldern der Gefährdungsanalyse zählen u. a. Konkurrenz-/Industrie- sowie Wirtschaftsspionage, Wirtschaftskriminalität, Business bzw. kompetitive Intelligence sowie IT- und Cybervorfälle und Human Risks.

5. Restrisikobestimmung, Risikosteuerung und Maßnahmenauswahl

Sodann werden aus dieser Gefährdungsanalyse die identifizierten Risiken definiert und bewertet. Im Rahmen der Risikosteuerung werden dann die Maßnahmen zur Vermeidung und/oder Verminderung der Risiken beschrieben, und zwar im Rahmen

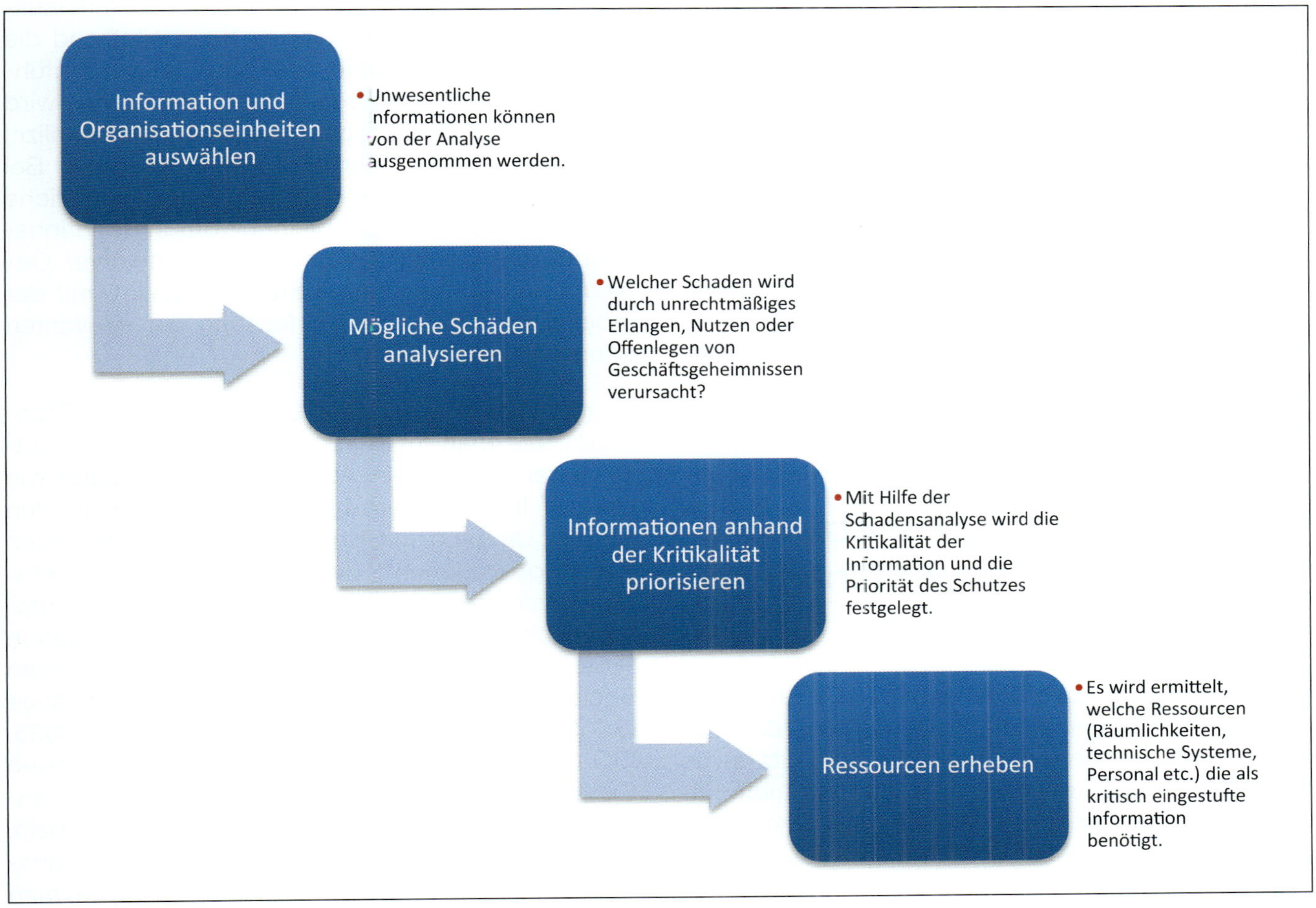

des Schutzkonzeptes als Kombination von organisatorischen, rechtlichen, personellen, technischen und kommunikativen Maßnahmen.

6. Methodische Vorgehensweise zur Maßnahmenumsetzung

Dieser Schritt beinhaltet sowohl die Anpassung bereits vorhandener Maßnahmen an die Anforderungen und Rahmenbedingungen im jeweiligen Unternehmen sowie die Entwicklung neuer Maßnahmen. Alle Maßnahmen werden zu Maßnahmenbündeln (Clustern) zusammengefasst. Je nach Handlungsfeld beeinflussen, ergänzen, unterstützen oder schließen sich die Einzelmaßnahmen aus.

7. Kontrolle und kontinuierliche Verbesserung

Nach der Umsetzung der Schutzmaßnahmen ist kontinuierlich zu prüfen, ob durch die eingeführten Maßnahmen alle Anforderungen erfüllt werden. Auf Basis dieser Ergebnisse sind die Maßnahmen ggf. anzupassen. Unternehmen, ihre Prozesse und somit auch die Informationen unterliegen einer ständigen Entwicklung. Daher sind die implementierten Schutzkonzepte/-maßnahmen nur so gut, wie sie mit dem Entwicklungsprozess Schritt halten können. Änderungen und Weiterentwicklungen müssen in den Organisationseinheiten nach dem zuvor beschriebenen Schema identifiziert, bewertet und dokumentiert werden. Ebenso ist nach der Umsetzung der Schutzmaßnahmen kontinuierlich zu prüfen, ob durch die eingeführten Maßnahmen alle Anforderungen erfüllt werden. Wird im „Normalbetrieb" festgestellt, dass nicht die angestrebte Wirkung erzielt wird, die Maßnahme nicht praktikabel oder schlicht unverhältnismäßig ist, muss sie angepasst oder durch eine effektivere ersetzt werden. Weiterhin empfiehlt es sich, das Verhältnis von Kosten und Nutzen im Blick zu behalten.

II. Standards zur Umsetzung eines Know-how-Managements

Für eine systematische Herangehensweise empfiehlt sich die Orientierung an etablierten Standards. Thematisch am nächsten zum Informationsschutz ist die ISO 2700x Standardfamilie. Dort wird ein methodisches Vorgehen zum Erarbeiten der Schutzkonzepte und der konkreten Maßnahmen zum Informationsschutz aufgezeigt. Die ISO 27001 ff. definiert zugleich auch die Anforderungen an ein Information-Sicherheits-Management-System (kurz: ISMS). Ein ISMS ist ein ganzheitlicher Ansatz, um sensible, unternehmenskritische Informationen langfristig und zu jedem Zeitpunkt mit der notwendigen Sorgfalt zu verwalten und um Schäden zu vermeiden, die durch Verlust oder Manipulation von Daten entstehen. Neben der schrittweisen Darstellung der Vorgehensweise werden auch Schutzmaßnahmen empfohlen. Um ein höchstmögliches Maß an Informationssicherheit in allen Bereichen sicherzustellen, hat sich in der Praxis die Etablierung eines solchen ISMS bewährt. Weiterer Vorteil: Die Vorgehensweise ist im ISO/IEC 27001:2005 festgeschrieben und zertifizierbar.

Zu den Grundeigenschaften der Informationssicherheit, die auch vom ISO 27001 Standard abgefragt werden, zählen insbesondere die **Verfügbarkeit** (Informationen bzw. Daten sind auf Verlangen zugänglich und nutzbar), die **Integrität** (Absicherung von Richtigkeit und Vollständigkeit von Informationen) sowie die **Vertraulichkeit** (Informationen werden Unberechtigten nicht verfügbar oder zugänglich gemacht).

Effektiver Informationsschutz setzt jedoch Individualschutz voraus – also einen Kompromiss zwischen den Kosten für die Sicherheitsmaßnahmen und dem Wert der zu schützenden Informationen. Dazu müssen weitere, über die Standards hinausgehende, methodische Fragen bearbeitet und die Vorgehensweise optimiert werden. Bei der Einführung und Umsetzung von Schutzmaßnahmen wird häufig nur auf die Verfügbarkeit (implizit und explizit) und den „Inhaber" der Information geachtet. Bei dieser Vorgehensweise werden viele wesentliche Anteile übersehen oder bleiben vom Informationsschutz unbeachtet. Effizienter und effektiver Geheimnisschutz beginnt, wie zuvor gezeigt, mit der möglichst vollständigen Erfassung der relevanten Informationen.

Es gibt neben der ISO 27001 auch andere Standards, die man im Rahmen des Geheimnisschutzes heranziehen kann. Aber auch diese Ansätze wie etwa IT Infrastructure Library (ITIL), der Leitfaden BMBF „Umgang mit Know-how in internationalen FuE-Kooperationen", die VDA Empfehlung „Integraler Informationsschutz mit IT-Sicherheit, Prototypenschutz und Risk-Management", Information Protection Guideline (IAP GDL 2007) der American Society for Industrial Security (ASIS) oder sonstige ISO-Standards (ISO 17666, ISO 27005, ISO 27035, ISO 31000 etc.) sind mit Blick auf einen effektiven Geheimnisschutz nicht vollständig. Allen vorgenannten Standards und Hilfestellungen ist jedoch gemein, dass sie entweder Methoden (z. B. für die Risikoanalyse) oder Schutzmaßnahmen beschreiben, die man auch beim Geheimnisschutz zur Anwendung kommen lassen kann. Eine ganzheitliche Vorgehensweise für ein übergreifendes Thema wie den Schutz von Geschäftsgeheimnissen wird jedoch nicht beschrieben bzw. ist nicht vorhanden. Mithin kann es, wie bereits festgestellt, keine pauschale Antwort für ein Schutzkonzept geben. Vielmehr muss ein solches Schutzkonzept individuell auf das jeweilige Unternehmen und die jeweilige zu schützende Information abgestimmt sein.

3. Kapitel. Vertragliche Maßnahmen als Teil des Schutzkonzeptes (mit Mustern)

Wenn die vorstehend beschriebene Bestandsaufnahme abgeschlossen ist, müssen die identifizierten Maßnahmen umgesetzt werden. Dazu sollte man zumindest die drei wichtigsten Kategorien des Geheimnisschutzes abdecken:

- Vertraulichkeitsvereinbarungen mit Lieferanten und sonstigen Dritten,
- arbeitsrechtliche Regelungen mit Mitarbeitern sowie
- technisch-organisatorische Maßnahmen.

Im Folgenden werden diese drei Maßnahmenbereiche näher beleuchtet und anhand der Musterformulierungen praktische Hinweise für die Umsetzung im Unternehmen gegeben.

I. Vertraulichkeitsvereinbarung – NDA (Non-Disclosure Agreement)

Bei der Zusammenarbeit mit anderen Unternehmen kommt es oft schon vor Abschluss eines Vertrages zum Austausch von geheimhaltungsbedürftigen Informationen, um festzustellen, ob eine Zusammenarbeit gewinnbringend für beide Seiten ist. Dabei bleibt es unvermeidbar, dass auch Geschäftsgeheimnisse vorab und später im Rahmen der Vertragsbeziehung genutzt und somit der anderen Seite offengelegt werden. Daher ist es unerlässlich, eine vertragliche Vereinbarung über den Umgang mit Geschäftsgeheimnissen während und auch für die Zeit nach der Zusammenarbeit festzuhalten. Es ist ratsam, bereits in einem frühen Stadium der Vertragsanbahnung/-verhandlung eine Vertraulichkeitsvereinbarung (neudeutsch: NDA) abzuschließen, noch bevor erste Verhandlungsergebnisse festgehalten werden oder geheimnisträchtige Informationen ausgetauscht werden. Die Vertraulichkeitsverpflichtungen können natürlich auch in den Hauptvertrag integriert werden. In der Regel ist das NDA das erste Dokument, welches die Parteien unterzeichnen. Ein NDA kann einseitig zu Lasten des Informationsempfängers, aber auch zweiseitig verpflichtend verfasst werden. Beispiele für zweiseitig verpflichtende NDA sind etwa Projekte in beidseitiger Abstimmung, bei denen die Produkte beider Unternehmen aneinander angepasst werden oder die klassische Kooperation. Einseitig verpflichtend sind meist Vertraulichkeitsverpflichtungen mit Zulieferern oder allgemein, wenn eine Dienstleistung in Anspruch genommen wird.

1. Inhaltliche Anforderungen an die Vertraulichkeitsvereinbarung

Um Widersprüche zu vermeiden, sollte das NDA verständlich und so genau wie möglich verfasst werden. Von der Anfertigung und Verwendung von sog. „globalen" oder „general purpose"-NDA ist ausdrücklich abzuraten. Vielmehr sollte der Schutzgegenstand und der Schutzumfang genau beschrieben werden. Nachfolgend werden die elementaren Inhalte aufgeführt und beschrieben. Das Muster geht von der Fallgestaltung aus, dass ein NDA im Rahmen eines Entwicklungsprojekts geschlossen werden soll, welches den Empfänger auf Vertraulichkeit verpflichten soll. Es soll als Anregung für eine mögliche Ausgestaltung einer Vertraulichkeitsvereinbarung dienen. Vertraulichkeitsvereinbarungen können jedoch nicht als Standardmuster für jeden Einsatzbereich verfasst werden; daher sollte vor jeder Ausgestaltung der Sachverhalt geprüft werden, um ggf. Anpassungen oder Ergänzungen bei den einzelnen Regelungspunkten vorzunehmen.

2. Muster einer Vertraulichkeitsvereinbarung

Vertraulichkeitsvereinbarung

zwischen

[Name],

mit Sitz in [Adresse], eingetragen im Handelsregister unter [HRB],

(nachfolgend „Inhaber")

und

[Name],

mit Sitz in [Adresse], eingetragen im Handelsregister unter [HRB],

(nachfolgend „Empfänger")

(nachfolgend beide Parteien auch bezeichnet als „Partei" oder „Parteien")

HINWEIS Zu benennen sind hier der Inhaber des Geschäftsgeheimnisses und der Empfänger, jeweils unter Angabe des Namens, des Sitzes (Adresse) und des Handelsregistereintrages.

Präambel

Die Parteien beabsichtigen die Durchführung eines gemeinsamen Projekts im Zusammenhang mit [ausführliche Projektbeschreibung] (nachfolgend „Zweck").

Der Inhaber beabsichtigt, für den vorstehend beschriebenen Zweck dem Empfänger vertrauliche Informationen gemäß nachstehender Ziffer 1 zur Verfügung zu stellen. Dem Empfänger ist bewusst, dass diese vertraulichen Informationen bisher weder insgesamt noch in ihren Einzelheiten bekannt oder ohne Weiteres zugänglich waren, deshalb von wirtschaftlichem Wert sind, seitens des Inhabers durch angemessene Geheimhaltungsmaßnahmen geschützt sind und an denen ein berechtigtes Interesse an deren Geheimhaltung besteht. Sofern eine Vertrauliche Information nach dieser Vertraulichkeitsvereinbarung (nachfolgend „Vereinbarung") nicht den Anforderungen eines Geschäftsgeheimnisses im Sinne des Geschäftsgeheimnisschutzgesetzes genügt, unterfällt diese Information dennoch den Vertraulichkeitsverpflichtungen nach dieser Vereinbarung.

HINWEIS Die Präambel leitet den Vertrag ein und legt den Zweck der Zusammenarbeit bzw. des Informationsaustausches fest. Es ist wichtig, den Zweck des Informationsaustausches genau zu beschreiben, da nur so im Falle einer Auseinandersetzung nachgewiesen werden kann, welche Informationen genau durch diese Vertraulichkeitsvereinbarung geschützt sind. Zum anderen dient sie auch dazu, direkt zu Beginn zu verdeutlichen, dass sich der Empfänger der Vertraulichkeit der Informationen bewusst ist und der Inhaber die Anforderungen an den Schutz des Geheimnisses erfüllt. Sollte die vertrauliche Information nicht in den Anwendungsbereich des GeschGehG fallen (etwa weil für die betreffende Information keine angemessenen Maßnahmen zur Geheimhaltung ergriffen wurden), so soll sie dennoch durch diese Vereinbarung geschützt werden, damit die vereinbarten Ansprüche geltend gemacht werden können.

Definitionen

Inhaber — *Als Inhaber wird die natürliche oder juristische Person bezeichnet, welche die rechtmäßige Kontrolle über das Geschäftsgeheimnis hat.*

Empfänger — *Als Empfänger wird die natürliche oder juristische Person bezeichnet, gegenüber welcher das Geschäftsgeheimnis offengelegt wird. Der Empfänger hat keinerlei Kontrolle über das Geschäftsgeheimnis und ist nicht berechtigt, dass Geschäftsgeheimnis entgegen der Verein-*

barung zu nutzen oder offenzulegen. Durch die Offenlegung des Geschäftsgeheimnisses wird der Empfänger nicht zum Inhaber im Sinne der vorstehenden Definition.

Offenlegung *Offenlegung bezeichnet das Eröffnen des Geschäftsgeheimnisses gegenüber einem Dritten. Offenlegung bedeutet nicht Öffentlichkeit.*

1. Vertrauliche Informationen

1.1 Vertrauliche Informationen im Sinne dieser Vereinbarung sind sämtliche Informationen (ob schriftlich, elektronisch, mündlich, digital verkörpert oder in anderer Form), die von dem Inhaber an den Empfänger oder einem mit dem Empfänger im Sinne der §§ 15 ff. AktG verbundenen Unternehmen zum vorgenannten Zweck offenbart werden. Als vertrauliche Informationen gelten insbesondere:

1.1.1 Geschäftsgeheimnisse, Produkte, Herstellungsprozesse, Know-how, Erfindungen, geschäftliche Beziehungen, Geschäftsstrategien, Businesspläne, Finanzplanung, Personalangelegenheiten, digital verkörperte Informationen (Daten);

1.1.2 jegliche Unterlagen und Informationen des Inhabers, die Gegenstand technischer und organisatorischer Geheimhaltungsmaßnahmen sind und als vertraulich gekennzeichnet oder nach der Art der Information oder den Umständen der Übermittlung als vertraulich anzusehen sind;

1.1.3 das Bestehen dieser Vereinbarung und ihr Inhalt.

Eine detaillierte Beschreibung des Projekts und der vertraulichen Informationen ist dieser Vereinbarung als Anlage beigefügt.

1.2 Keine vertrauliche Informationen sind solche Informationen,

1.2.1 die der Öffentlichkeit vor der Mitteilung oder Übergabe durch den Inhaber bekannt oder allgemein zugänglich waren oder dies zu einem späteren Zeitpunkt ohne Verstoß gegen eine Geheimhaltungspflicht werden,

1.2.2 die dem Empfänger bereits vor der Offenlegung durch den Inhaber und ohne Verstoß gegen eine Geheimhaltungspflicht nachweislich bekannt waren,

1.2.3 die von dem Empfänger ohne Nutzung oder Bezugnahme auf vertrauliche Informationen von dem Inhaber selber gewonnen wurden oder

1.2.4 die dem Empfänger von einem berechtigten Dritten ohne Verstoß gegen eine Geheimhaltungspflicht übergeben oder zugänglich gemacht werden.

HINWEIS

Die Vertraulichen Informationen sollten in diesem Abschnitt sehr genau und möglichst konkret beschrieben werden. Zu Anfang steht eine allgemeine Definition, was unter dem Begriff der Information zu verstehen ist und welche Erscheinungsformen diese annehmen kann. Zu beachten ist, dass dies keine abschließende Auflistung darstellt. Die anzufertigende Anlage zu diesem Punkt ist entscheidend. Sie beschreibt die Art der Zusammenarbeit, die Zielsetzung und wie die vertraulichen Informationen an den Empfänger übergeben und von diesem eingesetzt werden.

2. Geheimhaltungspflichten

Der Empfänger verpflichtet sich,

2.1 die Vertraulichen Informationen streng vertraulich zu behandeln und nur im Zusammenhang mit dem Zweck zu verwenden,

2.2 die Vertraulichen Informationen nur gegenüber solchen Vertretern offenzulegen, die auf die Kenntnis dieser Informationen für den Zweck angewiesen sind, vorausgesetzt, dass der Empfänger sicherstellt, dass seine Vertreter diese Vereinbarung einhalten, als wären sie selbst durch diese Vereinbarung gebunden,

2.3 die Vertraulichen Informationen ebenfalls durch angemessene Geheimhaltungsmaßnahmen gegen den unbefugten Zugriff durch Dritte zu sichern und bei der Verarbeitung der Vertraulichen Informationen die gesetzlichen und vertraglichen Vorschriften zum Datenschutz ein-zuhalten. Dies beinhaltet auch dem aktuellen Stand der Technik angepasste technische Sicherheitsmaßnahmen (Art. 32 DS-GVO) und die Verpflichtung der Mitarbeiter auf die Vertraulichkeit und die Beachtung des Datenschutzes (Art. 28 Abs. 3 lit. b DS-GVO),

2.4 *sofern der Empfänger aufgrund geltender Rechtsvorschriften, gerichtlicher oder behördlicher Anordnungen oder aufgrund einschlägiger börsenrechtlicher Regelungen verpflichtet ist, teilweise oder sämtliche vertraulichen Informationen offenzulegen, den Inhaber (soweit rechtlich möglich und praktisch umsetzbar) hierüber unverzüglich schriftlich zu informieren und alle zumutbaren Anstrengungen zu unternehmen, um den Umfang der Offenlegung auf ein Minimum zu beschränken und dem Inhaber erforderlichenfalls jede zumutbare Unterstützung zukommen zu lassen, die eine Schutzanordnung gegen die Offenlegung sämtlicher vertraulicher Informationen oder von Teilen hiervon anstrebt.*

HINWEIS

Die Geheimhaltungspflichten verlangen vom Empfänger konkretes Handeln. Neben den offensichtlichen Pflichten, die Information nicht weiterzugeben und wenn, dann nur einer der Vereinbarung entsprechenden berechtigten Person, hat auch der Empfänger angemessene Geheimhaltungsmaßnahmen zu treffen. Beispielhaft hierfür sind technische Schutzmaßnahmen, Kennzeichnungen, Staffelung von Informationen nach bestimmten „Geheimhaltungsstufen" bzw. Datenklassifikationen, Geheimhaltungsklauseln in Arbeitsverträgen etc. Auch sollte zusätzlich explizit ein Verbot des „Reverse Engineering" (also der Rückentwicklung) aufgenommen werden. Derzeit ist allerdings noch unklar, ob das Verbot des Reverse Engineering zeitlich unbegrenzt vereinbart werden kann. Hiergegen könnte sprechen, dass mit dem erstmaligen Inverkehrbringen des Produkts jedermann dieses Produkt nachbauen kann. Würde man den Vertragspartner hiervon vertraglich ausschließen, könnte dies eine kartellrechtsrelevante Behinderung darstellen und daher unzulässig sein. Ebenso trifft den Empfänger die Verpflichtung, bei gesetzlichen Regelungen und/oder gerichtlicher oder behördlicher Anordnung zur Offenlegung von vertraulichen Informationen, den Inhaber darüber zu informieren und dabei zu unterstützen, das Ausmaß der Offenlegung möglichst gering zu halten.

3. Rückgabe bzw. Löschung der Vertraulichen Informationen

3.1 *Auf Aufforderung des Inhabers sowie ohne Aufforderung spätestens nach Erreichung des in der Präambel beschriebenen Zwecks ist der Empfänger verpflichtet, sämtliche Vertraulichen Informationen einschließlich der Kopien hiervon innerhalb von zehn (10) Arbeitstagen nach Zugang der Aufforderung bzw. nach Beendigung des Projekts zurückzugeben oder zu vernichten (einschließlich elektronisch gespeicherter Vertraulicher Informationen), sofern nicht mit dem Inhaber vereinbarte oder gesetzliche Aufbewahrungspflichten dem entgegenstehen.*

3.2 *Die Vernichtung elektronisch gespeicherter Vertraulicher Informationen erfolgt durch die vollständige und unwiderrufliche Löschung der Dateien oder unwiederbringliche Zerstörung des Datenträgers. Vollständige und unwiderrufliche Löschung bedeutet bei elektronisch gespeicherten Vertraulichen Informationen, dass die Vertraulichen Informationen derart gelöscht werden, dass jeglicher Zugriff auf diese Informationen unmöglich wird, wobei spezielle Löschverfahren (z. B. mittels „Wiping") zu verwenden sind, welche den anerkannten Standards genügen (bspw. Standards des Bundesamts für Informationssicherheit).*

HINWEIS

Diese spezielle Anforderung an das Löschen der Informationen beruht auf der Tatsache, dass einfaches Löschen lediglich den Verweis auf die gespeicherten Daten im Index, dem Inhaltsverzeichnis der Festplatte, löscht und den Bereich für das Überschreiben ermöglicht. Die Daten befinden sich jedoch weiterhin auf der Festplatte und sind wiederherstellbar. Selbst das Formatieren der Festplatte löscht die Daten nicht vollständig und stellt somit auch kein geeignetes Löschverfahren dar. Daher ist es notwendig, sich an den anerkannten Standards für unwiderrufliches Löschen zu orientieren.

3.3 *Ausgenommen hiervon sind – neben Vertraulichen Informationen, bezüglich derer eine Aufbewahrungspflicht im Sinne der Ziffer 3.1 besteht – Vertrauliche Informationen, deren Vernichtung bzw. Rückgabe technisch nicht möglich ist, z. B. da sie aufgrund eines automatisierten elektronischen Backup-Systems zur Sicherung von elektronischen Daten in einer Sicherungsdatei gespeichert wurden; hierzu zählt auch das technisch notwendige Vorhalten von Stammdaten (z. B. Personal-oder Kundennummern), welches nötig ist, um eine Verknüpfung zu den archivierten Informationen herzustellen.*

3.4 *Auf Verlangen des Inhabers hat der Empfänger schriftlich zu versichern, dass er sämtliche Vertraulichen Informationen nach den Maßgaben der vorstehenden Ziffern und den Weisungen des Inhabers vollständig unwiderruflich gelöscht hat.*

4. Eigentumsrechte an den Vertraulichen Informationen

4.1 *Der Inhaber hat, unbeschadet der Rechte, die er nach dem GeschGehG hat, hinsichtlich der Vertraulichen Informationen alle Eigentums-, Nutzungs- und Verwertungsrechte. Der Inhaber behält sich das ausschließliche Recht zur Schutzrechtsanmeldung vor. Der Empfänger erwirbt kein Eigentum oder – mit Ausnahme der Nutzung für den oben beschriebenen Zweck – sonstige Nutzungsrechte an den Vertraulichen Informationen (insbesondere an Know-how, darauf angemeldeten oder erteilten Patenten, Urheberrechten oder sonstigen Schutzrechten) aufgrund dieser Vereinbarung oder sonst wegen konkludenten Verhaltens.*

HINWEIS

Auch der Lizenznehmer kann „Inhaber" von Geschäftsgeheimnissen sein. Zumindest nach dem Wortlaut des Gesetzes werden zunächst dem „Inhaber" die Rechte aus dem Know-how zugeschrieben, ohne Unterscheidung zwischen originärem Inhaber und abgeleitetem Inhaber. Diesem Umstand tragen die vorstehende Formulierung sowie die Definition des „Empfängers" entsprechend Rechnung.

4.2 *Der Empfänger hat es zu unterlassen, die Vertraulichen Informationen außerhalb des Zwecks in irgendeiner Weise selbst wirtschaftlich zu verwerten oder nachzuahmen (insbe-sondere im Wege des sog. „Reverse Engineering") oder durch Dritte verwerten oder nach-ahmen zu lassen und insbesondere auf die Vertraulichen Informationen gewerbliche Schutzrechte – insbesondere Marken, Designs, Patente oder Gebrauchsmuster – anzumelden.*

HINWEIS

Hier verweist das NDA auf die Rechte des Inhabers resultierend aus dem GeschGehG und stellt klar, dass auch aus der projektbezogenen Arbeit mit den Informationen kein Eigentums- oder Nutzungsrecht für den Empfänger entsteht. Es gilt allein der abgesteckte Rahmen des NDA. Daher ist die detaillierte Beschreibung der geheimhaltungsbedürftigen Informationen von großer Bedeutung. Durch die Identifizierung der zu sichernden Informationen definiert die Anlage den Rahmen für erlaubtes Handeln. Ferner ist seit Geltung des GeschGehG das sog. „Reverse Engineering" nunmehr erlaubt, sofern es nicht ausdrücklich verboten ist. Daher sollte das Reverse Engineering, wie hier vorgeschlagen, vertraglich ausdrücklich untersagt werden. Der Begriff des Reverse Engineering beschreibt das Rückwärtsermitteln der einzelnen Komponenten eines Gegenstandes und betrifft im IT-Bereich häufig Software. Ziel ist es hierbei nicht nur, die Funktionsweise nachzuahmen, sondern auch die einzelnen Elemente, um sie auf dieser Grundlage weiterentwickeln zu können. Die kostenintensive Forschungs- und Entwicklungsarbeit, welche der Inhaber und Schöpfer des nachzuahmenden Gegenstands investieren musste, kann der nachahmende Empfänger durch das Reverse Engineering somit umgehen.

5. Vertragsstrafe

Verletzt der Empfänger oder Mitarbeiter des Empfängers oder eine sonstige Person, für die der Empfänger gemäß §§ 31, 278, 831 BGB einzustehen hat, die sich aus dieser Vereinbarung ergebenden Pflichten, so vereinbaren die Parteien die Zahlung einer verschuldensunabhängigen Vertragsstrafe durch den Empfänger an den Inhaber in angemessener Höhe, wobei der Inhaber die Höhe nach billigem Ermessen im Sinne von § 315 BGB bestimmen wird und die Angemessenheit der Vertragsstrafe im Streitfall von dem zuständigen Gericht überprüft werden kann. Die Geltendmachung weiteren Schadensersatzes bleibt vorbehalten.

HINWEIS

Die Vertragsstrafe stellt ein praxisübliches Mittel dar, den Empfänger der Information zur Vertragstreue zu motivieren. Im Muster-NDA ist die Bemessung der Vertragsstrafe nach „Hamburger Brauch" dargestellt, d. h. die Höhe der Strafe wird durch den Inhaber erst bei Verstoß und unter Berücksichtigung aller Umstände (bspw. Klassifizierung der Information) bestimmt. Die Angemessenheit der Höhe kann dann von einem Gericht überprüft werden. Es besteht auch die Möglichkeit, die Vertragsstrafe direkt und der Höhe nach pauschal festzulegen. Eine mögliche Formulierung der Klausel wäre dann wie folgt

Verletzt der Empfänger oder Mitarbeiter des Empfängers oder sonstige Person, für die der Empfänger gemäß §§31, 278, 831 BGB einzustehen hat, die sich aus der Vereinbarung ergebenden Pflichten, so vereinbaren die Parteien die Zahlung einer verschuldensunabhängigen Vertragsstrafe durch den Empfänger an den Inhaber in Höhe von XXXX € für jede Verletzungshandlung. Die Geltendmachung weiteren Schadensersatzes bleibt vorbehalten.

HINWEIS

Die Regelung einer bezifferten pauschalen Vertragsstrafe birgt unter Umständen jedoch das Risiko der Unwirksamkeit der Klausel nach AGB-Recht. Der Anspruch auf Schadensersatz wird nach der hier vorgeschlagenen Formulierung durch die Vereinbarung einer Vertragsstrafe nicht ausgeschlossen. Allerdings gestaltet sich der Schadensnachweis bei Verletzung der Vertraulichkeit häufig schwierig, sodass die vom Verschuldens- und Schadensnachweis losgelöste Vertragsstrafe in der Praxis das effektivere Mittel darstellt.

6. Laufzeit

Diese Vereinbarung tritt nach Unterzeichnung in Kraft und endet drei Jahre nach Beendigung des Informationsaustausches zum vorgenannten Zweck. Die Pflicht zur Geheimhaltung bleibt von der Beendigung dieser Vereinbarung unberührt. Sie gilt auch dann, wenn kein weiterer Vertrag im Zusammenhang mit dem Zweck geschlossen wird.

HINWEIS

Die Laufzeit beschreibt die Dauer der Vertraulichkeitsvereinbarung. Sie ist gekoppelt an den Zweck des Informationsaustausches zum einen und zum anderen an den Zeitraum nach Ende des Projekts. Dieser Anspruch besteht unabhängig davon, ob im Nachhinein zum gleichen Zweck erneut ein Vertrag abgeschlossen wird. Zu überlegen ist jedoch, die Geheimhaltungspflicht unter die auflösende Bedingung zu stellen, dass einer der Umstände nach Ziffer 1.2 eintritt und die Information nicht mehr als Vertrauliche Information anzusehen ist.

7. Anwendbares Recht und Gerichtsstand

Die Bestimmungen dieser Vereinbarung unterliegen in ihrer Durchführung und Auslegung deutschem Recht unter Ausschluss des Internationalen Privatrechts. Ausschließlicher Gerichtsstand für Streitigkeiten aus oder im Zusammenhang mit der Vereinbarung ist [Ort], Deutschland.

HINWEIS

Das GeschGehG hat im Hinblick auf den Gerichtsstand eine Neuerung geschaffen. Es wurde festgelegt, dass die Zuständigkeit bei Streitigkeiten um Know-how ausschließlich bei den Landgerichten liegt. Die einzelnen Bundesländer sind auch befugt, Spezialkammern einzurichten. Hier sollte der Ort (mit einem entsprechendem Landgericht) ausgewählt werden, der für den Inhaber am günstigsten ist.

Alternativ zum ordentlichen Rechtsweg können sich die Parteien im Vorfeld auf die Durchführung eines Schiedsgerichtsverfahrens bei Streitigkeiten einigen. Eine alternative Schiedsklausel könnte wie folgt lauten:

Deutsche Institution für Schiedsgerichtbarkeit (DIS):

„(1) Alle Streitigkeiten, die sich aus oder im Zusammenhang mit diesem Vertrag oder über dessen Gültigkeit ergeben, werden nach der Schiedsgerichtsordnung der Deutschen Institution für Schiedsgerichtsbarkeit e. V. (DIS) unter Ausschluss des ordentlichen Rechtsweges endgültig entschieden.

(2) Das Schiedsgericht besteht aus [bitte eintragen: „einem Schiedsrichter“ oder „drei Schiedsrichtern“].

(3) Der Schiedsort ist [bitte gewünschten Schiedsort eintragen].

(4) Die Verfahrenssprache ist [bitte gewünschte Verfahrenssprache eintragen].

(5) Das in der Sache anwendbare Recht ist [bitte gewünschtes Recht oder gewünschte Rechtsregeln eintragen].“

oder

International Chamber of Commerce (ICC):

„Alle Streitigkeiten, die sich aus oder im Zusammenhang mit dem vorliegenden Vertrag ergeben, werden nach der Schiedsgerichtsordnung der Internationalen Handelskammer (ICC) von einem oder mehreren gemäß dieser Ordnung ernannten Schiedsrichtern endgültig entschieden."

8. Schlussbestimmungen

8.1 Die vorliegende Vereinbarung stellt die gesamte zwischen den Parteien getroffene Vereinbarung dar und ersetzt alle früheren Vereinbarungen zum oben genannten Zweck. Mündliche Nebenabreden bestehen nicht. Änderungen und Ergänzungen dieser Vereinbarung sowie Kündigungen bedürfen der Schriftform, wobei die elektronische Schriftform nicht ausreicht. Dies gilt auch für eine Änderung bzw. Aufhebung dieser Klausel.

8.2 Sollte in dieser Vereinbarung eine Bestimmung unwirksam oder undurchführbar sein oder werden, so wird die Wirksamkeit der übrigen Bestimmungen hierdurch nicht berührt. Die Parteien verpflichten sich in diesem Fall, eine wirksame Regelung zu vereinbaren, die der nichtigen oder fehlenden Vereinbarung wirtschaftlich in gesetzlich erlaubter Weise am nächsten kommt.

Ort/Datum	*Ort/Datum*
______________________	______________________
Firmenname des Inhabers	*Firmenname des Empfängers*

HINWEIS

Die Schlussbestimmungen umfassen allgemeine Regelungen im Zusammenhang mit diesem Vertrag wie das Schriftformerfordernis bei Kündigung sowie Änderungen und Ergänzungen und die sog. salvatorische Klausel. Letztere regelt die Rechtsfolgen, wenn Teile des Vertrages sich als undurchführbar oder nichtig herausstellen.

II. Arbeitsrechtliche Schutzmechanismen

Der Schutz von Geschäftsgeheimnissen erfordert auch arbeitsrechtlich tatsächliche und rechtliche Maßnahmen. Umso mehr überrascht es, dass das wichtige Thema des Schutzes solcher wirtschaftlich bedeutenden Geheimnisse häufig nur nachrangig behandelt wird. Das betrifft insbesondere den Bereich, in dem der Schutz des eigenen, unternehmensinternen Wissens in erster Linie beginnt – bei den eigenen Arbeitnehmern.

Daneben stellt sich die Frage des Geheimnisschutzes nicht lediglich im bestehenden Arbeitsverhältnis, sondern auch im Rahmen von dessen Beendigung. Gerade das Ausscheiden wirft vielfach Fragen auf, denn letztlich kann der Arbeitgeber nicht verhindern, dass der Arbeitnehmer eine neue Tätigkeit aufnimmt – und ggf. zur Konkurrenz wechselt. Umgekehrt hat der ausgeschiedene Arbeitnehmer ein berechtigtes Interesse daran, das vorhandene Wissen und Know-how (in definierten Grenzen) weiter anwenden zu können. Dabei fällt die Abgrenzung zwischen Geschäftsgeheimnissen und dem „Erfahrungsschatz" des Mitarbeiters mitunter schwer.

Vor dem Hintergrund der sich aus der Know-how-Richtlinie und dem GeschGehG ergebenden Voraussetzungen entsteht in Bezug auf die eigenen Mitarbeiter konkreter Handlungsbedarf für Unternehmen. Nur angemessene Geheimhaltungsmaßnahmen schützen die unternehmenseigenen Informationen. Auch wenn es letztlich der gerichtlichen Bestimmung überlassen sein wird, was unter einer solchen Maßnahme anzusehen ist, dürfte es als sicher gelten, dass ein entsprechender Umgang bzw. entsprechende tatsächliche Vorkehrungen in der Zusammenarbeit und rechtliche Vorkehrungen bei der Vertragsgestaltung mit den eigenen Mitarbeitern unerlässlich werden. Im Folgenden werden konkrete Handlungsansätze und -empfehlungen näher ausgeführt.

1. Berechtigungskonzept

Allen Sicherungsmaßnahmen, auch in Bezug auf HR, ist gemein, dass sie erst nach einer Überprüfung bzw. nach Schaffung eines Berechtigungskonzeptes eingeführt werden können. Typischerweise müssen Geschäftsgeheimnisse denjenigen Mitarbeitern bekannt sein, die mit ihnen arbeiten. Denjenigen Mitarbeitern, die nicht unmittelbar mit oder an den Geschäftsgeheimnissen arbeiten, etwa weil sie diese nur weiterleiten sollen, sollten diese Geheimnisse unbekannt sein und bleiben. Entlang eines solchen Berechtigungskonzepts kann dann auch für den Bereich ein Schutzkonzept entwickelt werden, welches letztlich dazu führt, dass die betroffene Information zum Geschäftsgeheimnis wird, da nur noch ein bestimmter Personenkreis mit ihr betraut ist. HR-Abteilungen sollten auch mit der Aufgabe betraut werden, bei Einstellung und Freistellung auf das GeschGehG hinzuweisen und die Rückgabe von Dokumenten oder Speichermedien zu überwachen und zu dokumentieren. Die technischen Schutzmechanismen sollen sicherstellen, dass diejenigen Mitarbeiter, die die Kenntnis der Geschäftsgeheimnisse nicht benötigen, diese auch nicht zur Kenntnis nehmen können. Ob hierzu die physische Verfügbarkeit eingeschränkt oder eine Datei technisch gesichert wird, hängt letztlich vom Schutzkonzept und der Sensibilität der betroffenen Geschäftsgeheimnisse ab.

Oft gibt es einzelne Mitarbeiter, die zur Ausübung ihrer Tätigkeit zwingend Zugriff auf bestimmte Geschäftsgeheimnisse haben müssen. Ein angemessenes Schutzniveau für die Informationen ist hier nur zu erreichen, wenn mit diesen Mitarbeitern einzelvertragliche Verschwiegenheitsverpflichtungen abgeschlossen werden. Diejenigen Mitarbeiter, die nach dem Berechtigungskonzept keinen Zugriff auf das Geschäftsgeheimnis haben, benötigen eine solche individuelle Abrede demgegenüber nicht. Eine pauschale Regelung zur allgemeinen Geheimhaltungsverpflichtung im Rahmen des Arbeitsverhältnisses, getreu dem Motto „catch all", ist mangels Konkretisierung unwirksam. Arbeitnehmer müssen deshalb auf das Vorliegen von sie betreffenden Geschäftsgeheimnissen besonders hingewiesen werden und die Zugriffsmöglichkeiten müssen auf „Need-to know"-Basis beschränkt sein. Zudem müssen sich die Maßnahmen konkret auf die jeweiligen Geheimnisse beziehen.

Neben den eigenen Arbeitnehmern des Unternehmens kommen ggf. auch Kooperations- und Vertragspartner oder fremde Arbeitskräfte im Rahmen der Arbeitnehmerüberlassung in Kontakt mit eigenen Geschäftsgeheimnissen. Ein größeres Augenmerk muss demzufolge auch auf Geheimhaltungsvereinbarungen/-verpflichtungen im Rahmen von Projekten mit „fremden" Arbeitskräften gelegt werden. Sowohl bei Arbeitnehmerüberlassungen als auch im Zuge von Dienstverträgen mit freien Mitarbeitern/Spezialisten spielt der Schutz der eigenen Geschäftsgeheimnisse eine bedeutende Rolle. Denn diesen Vertragsgestaltungen ist immanent, dass sie nur vorübergehend erfolgen und die entsprechenden Arbeitskräfte anschließend häufig gerade auch in Wettbewerbsunternehmen tätig werden.

2. Geheimhaltungs- und Verschwiegenheitsklauseln im Arbeitsvertrag

Die vertraglichen Geheimnisschutzvereinbarungen im Arbeitsverhältnis müssen bestimmten Anforderungen entsprechen. Eine Klausel darf den Arbeitnehmer nicht unangemessen benachteiligen, d. h. sie muss hinreichend klar verständlich (transparent) sein und darf nicht von wesentlichen Grundgedanken gesetzlicher Regelungen abweichen.

Nach der alten Rechtslage ausgestaltete Verschwiegenheitsklauseln setzten meistens voraus, dass es sich bei der Information, welche geheim gehalten werden soll, bereits um ein Geschäftsgeheimnis handelt. Sie sind folglich für sich allein nicht dazu geeignet, ein Geschäftsgeheimnis überhaupt erst zu begründen, welches unter den Schutz der Know-how-Richtlinie oder des GeschGehG fallen kann. Dementsprechend müssen zukünftig Klauseln, die als Schutzmaßnahme fungieren sollen, zunächst darstellen, was genau geheim zu halten ist. Mit einer allgemeinen Verschwiegenheitsklausel ist ein umfassender, der neuen Rechtslage entsprechender Schutz rechtlich nicht zu realisieren.

Dies wurde im Ergebnis vereinzelt bereits vor der durch die Know-how-Richtlinie und das GeschGehG geänderten Rechtslage von der arbeitsgerichtlichen Rechtsprechung so gesehen. Eine Klausel, die ohne entsprechende Konkretisierung Arbeitnehmern auferlegte, alle „betrieblichen Verhältnisse streng geheim" zu halten, wurde stellenweise schon aus diesem Grund für unzulässig erachtet. Geheimhaltung setzt ein Geheimhaltungsinteresse des Arbeitgebers voraus, welches nicht für sämtliche betrieblichen Vorgänge besteht, da viele von ihnen allgemein bekannt sind und somit nicht als geheim gelten können. Maßstab ist vielmehr die Bedeutung des Geheimhaltungsgegenstandes für die Wettbewerbsfähigkeit des Unternehmens. Bereits nach bisheriger Rechtslage ist eine pauschale Verschwiegenheitsverpflichtung, die sich unterschiedslos auf sämtliche geschäftlichen und betrieblichen Vorgänge und Informationen bezieht (sog. „All-Klausel"), unwirksam. Sie stellt als Formularklausel letztlich eine unangemessene Benachteiligung des Arbeitnehmers im Sinne AGB-rechtlicher Vorgaben dar. Angesichts der Definition des Geschäftsgeheimnisses als einer Information, bei der ein berechtigtes Interesse an der Geheimhaltung besteht (§ 2 Nr. 1 lit. c GeschGehG), wird dies künftig umso mehr zu beachten sein.

Verschwiegenheitsklauseln müssen sich zudem innerhalb der durch AGB-rechtliche Vorgaben gesetzten Grenzen halten, da es sich bei Arbeitsverträgen in der Regel um vorformulierte Vertragsbedingungen von Seiten des Arbeitgebers handelt. Bei der Gestaltung gilt es zunächst, die üblichen formalen Rahmenbedingungen einzuhalten. Klauseln, insbesondere auch solche in nachträglichen Zusatzvereinbarungen zu bestehenden Arbeitsverträgen, müssen wirksam einbezogen werden. Dies setzt eine beidseitige vertragliche Vereinbarung zwischen Arbeitnehmer und Arbeitgeber sowie deren Dokumentation voraus. In Anbetracht der erheblichen Konsequenzen, welche u. a. die geänderte Rechtslage des GeschGehG mit sich bringt, sollte hierzu grundsätzlich die Schriftform, d. h. ein beidseitig unterzeichnetes Schriftstück, eingehalten werden.

Da individuelle Absprachen stets Vorrang vor Klauseln im „Kleingedruckten" haben (§ 305b BGB), ist darauf zu achten, dass eine betriebseinheitliche Klausel nicht mit Einzelvereinbarungen kollidiert. Bei der Vertragsgestaltung gilt es weiter, überraschende oder mehrdeutige Klauselwerke zu vermeiden, da diese ebenfalls nicht Vertragsbestandteil werden (§ 305c BGB). Überraschende Klauseln können u. a. vorliegen, wenn inhaltlich ein erheblicher Unterschied zu begründeten Erwartungen besteht, etwa weil der Vertragstyp, die äußere Gestaltung oder der Verlauf und Inhalt von Verhandlungen in Widerspruch zum Klauseltext stehen. Vom Versuch, relevante Verschwiegenheitsvereinbarungen im Vertragstext – dem „Kleingedruckten" – zu verstecken, kann daher nur abgeraten werden. Zur Vermeidung inhaltlich widersprüchlicher Angaben ist es zudem notwendig, geänderte arbeitsvertragliche Bedingungen mit den bisherigen Regelungen abzugleichen und nach Möglichkeit zu harmonisieren.

Der Schwerpunkt der AGB-rechtlichen Vorgaben liegt neben diesen mehrheitlich formalen Aspekten in der Inhaltskontrolle der Geheimhaltungsklausel (§ 307 BGB). Unwirksam sind Klauseln, wenn sie den Vertragspartner entgegen Treu und Glauben unangemessen benachteiligen. Dies nimmt die arbeitsgerichtliche Rechtsprechung insbesondere an, wenn durch einseitige Vertragsgestaltung missbräuchlich eigene Interessen auf Kosten des Arbeitnehmers durchgesetzt werden, ohne dessen Belange hinreichend zu berücksichtigen und einen angemessenen Ausgleich zu gewähren. Es muss dem Arbeitnehmer grundsätzlich weiterhin möglich sein, auch nach einem Unternehmenswechsel die bei seinem früheren Arbeitgeber erworbenen Fertigkeiten zum Bestreiten des eigenen Lebensunterhalts einzusetzen. Der Arbeitnehmer darf allein durch eine Verschwiegenheitsklausel demzufolge nicht an der Verwertung seines Erfahrungswissens gehindert und faktisch einem weitreichenden Berufs- und Wettbewerbsverbot unterworfen werden.

Diese Abwägung zwischen Geheimhaltungsinteresse des Arbeitgebers und der Berufsausübungsfreiheit des Arbeitnehmers lag auch bislang bereits der arbeitsgerichtlichen Rechtsprechung zugrunde; eine grundsätzliche Änderung ist nach Inkrafttreten des GeschGehG nicht zu erwarten. Inwiefern sich die Modifikationen am Begriff des Geschäftsgeheimnisses (z. B. hinsichtlich Geheimhaltungsmaßnahmen und Geheimhaltungswillen) in der gerichtlichen Praxis auswirken, bleibt letztlich abzuwarten.

3. Verschwiegenheitsverpflichtung und Wettbewerbsverbot

Von zentraler Bedeutung für die Wirksamkeit und die Reichweite vertraglicher Verschwiegenheitsverpflichtungen ist die Rechtsprechung der ordentlichen Gerichte und der Arbeitsgerichte.

a) Rechtsprechung des Bundesarbeitsgerichts (BAG)

Nach bisheriger Rechtsprechung des Bundesarbeitsgerichts (BAG) galt selbst ohne ausdrückliche Vereinbarung eine Verschwiegenheitsverpflichtung für den Arbeitnehmer während der Dauer des Arbeitsverhältnisses, teilweise aber auch darüber hinaus. Relevant wird die Verpflichtung indes in der Regel erst nach dem Ausscheiden des Arbeitnehmers aus dem Arbeitsverhältnis, wenn dieser selbstständig oder für einen Wettbewerber in Konkurrenz zum bisherigen Arbeitgeber tritt.

Problematisch ist hier die Abgrenzung zwischen Geschäftsgeheimnissen und dem erworbenen beruflichen Erfahrungsschatz. Die Nutzung des eigenen Erfahrungsschatzes kann nicht untersagt werden, auch dann nicht, wenn es sich um spezialisiertes Wissen handelt, welches über einen längeren Zeitraum in herausgehobener Position – z. B. Leiter der Entwicklung – beim Arbeitgeber erworben wurde.

Will sich der Arbeitgeber neben der Geheimhaltung einzelner Geschäftsgeheimnisse auch vor Wettbewerb insgesamt schützen, muss er mit dem Arbeitnehmer ein entsprechendes Verbot vereinbaren. Wirksamkeitsvoraussetzung hierfür ist allerdings die

Zahlung einer Karenzentschädigung in Höhe von mindestens 50 % der vertragsgemäßen Bezüge (§ 74 Abs. 2 HGB). Diese Karenzentschädigung ist eine Ersatzleistung, die der Arbeitnehmer als Gegenleistung für die im Interesse des früheren Arbeitgebers liegende Einschränkung der Erwerbsmöglichkeiten beanspruchen kann. Ohne Verbot darf der Arbeitnehmer nachvertraglich konkurrieren – wenn auch ohne Verwertung des Geschäftsgeheimnisses.

Die Verschwiegenheitsverpflichtung muss daher einzelne geheimhaltungsbedürftige Informationen explizit benennen bzw. möglichst konkret umschreiben und eine hinreichend klare Differenzierung zu sonstigen betrieblichen Vorgängen ohne Geheimhaltungspflicht erkennen lassen. Erst die Festlegung und Definition der schutzwürdigen Informationen – etwa bei einzelnen Rezepturen, speziellen Produktionsverfahren oder -materialien, Programmalgorithmen oder dergleichen – ermöglicht einen vertraglichen Schutz.

In zeitlicher Hinsicht gilt die Verschwiegenheitsverpflichtung grundsätzlich unbegrenzt, während das Wettbewerbsverbot auf einen Zeitraum von maximal 2 Jahren beschränkt ist (§ 74a Abs. 1 HGB). Allerdings kann auch die Geheimhaltungsverpflichtung im Einzelfall entfallen, wenn ein schutzwürdiges Interesse des Arbeitgebers nicht mehr besteht (z. B. bei Betriebsauflösung oder Einstellung bestimmter Produktbereiche).

b) Rechtsprechung des Bundesgerichtshofs

Dieser arbeitsgerichtlichen Rechtsprechung hat sich der Bundesgerichtshof (BGH) – jedenfalls bei Fehlen einer vertraglichen Vereinbarung – nicht angeschlossen, sondern ausdrücklich abweichend entschieden. Für die den ordentlichen Gerichten zugewiesenen wettbewerbsrechtlichen Streitigkeiten gelten somit andere Grundsätze als für arbeitsrechtliche Auseinandersetzungen vor den Arbeitsgerichten.

Der BGH ist der Auffassung, dass die Geheimhaltungsverpflichtung gemäß des nunmehr entfallenden § 17 Abs. 1 UWG grundsätzlich auf die Dauer des Dienstverhältnisses beschränkt sei. Danach dürfe der Arbeitnehmer berufliche Kenntnisse grundsätzlich verwerten, zumal eine sichere Abgrenzung von Geheimnis und Erfahrungswissen ohnehin nur schwer möglich sei. Eine Ausnahme macht der BGH nur bei unredlich erlangtem Wissen, z. B. wenn während der Beschäftigung (unberechtigt) auf bestehende Geschäftsgeheimnisse zugegriffen oder private Aufzeichnungen oder Daten zur späteren Verwendung angefertigt wurden.

Der BGH macht es für Unternehmen insofern erheblich schwerer, Geheimhaltungsverpflichtungen oder – bei Verstößen – Schadensersatzansprüche gerichtlich durchzusetzen. Ob die Rechtsstellung des Arbeitgebers durch eine vertragliche Verschwiegenheitsklausel verbessert werden kann, ist bislang nicht hinreichend geklärt. Bisher hatte der BGH nur über gesetzliche Verschwiegenheitspflichten (z. B. § 17 UWG a. F.) zu entscheiden. Er hat dabei allerdings gegenüber einer entsprechenden vertraglichen Klausel „nicht unerhebliche Bedenken" dahingehend angemeldet, ob diese angesichts unbegrenzter Dauer, Verquickung mit Schadensersatzpflichten und Fehlen der Karenzentschädigung wirksam vereinbart werden könne.

Es dürfte unwahrscheinlich sein, dass der BGH (vorbehaltlich einer Entscheidung durch den EuGH) seine Rechtsprechung derjenigen des BAG annähert. Die Vereinbarung vertraglicher Verpflichtungen wird im GeschGehG zwar grundsätzlich für zulässig erachtet, allerdings weisen sowohl die Gesetzesbegründung, wie auch Art. 1 Abs. 3 c) der Know-how-Richtlinie darauf hin, dass durch die Neuerungen im Geheimnisschutz den Arbeitnehmern nicht *zusätzliche* Pflichten auferlegt werden sollen. Das spricht dafür, dass der arbeitsvertragliche Schutz im bislang zulässigen und der Rechtsprechung entsprechenden Umfang auch weiterhin durch entsprechende Arbeitsvertragsgestaltung möglich sein soll.

4. Klauselvorschläge

Ausgehend von den dargestellten Erwägungen könnte eine allgemeine Verschwiegenheitsklausel (hier zunächst ohne konkrete Spezifizierung des Geheimnisses) wie folgt ausgestaltet werden:

BEISPIEL FÜR EINE ALLGEMEINE VERSCHWIEGENHEITSKLAUSEL

„Der Mitarbeiter verpflichtet sich, über alle Geschäftsgeheimnisse Stillschweigen zu bewahren. Geschäftsgeheimnisse in diesem Sinne sind Informationen, die Gegenstand technischer und organisatorischer Geheimhaltungsmaßnahmen sind und als vertraulich gekennzeichnet oder nach der Art der Information oder den Umständen der Übermittlung als vertraulich anzusehen sind. Dies betrifft insbesondere Produkte, Herstellungsprozesse, Know-how, Erfindungen, geschäftliche Beziehungen, Geschäftsstrategien, Businesspläne, Finanzplanung, Personalangelegenheiten einschließlich entsprechender digital verkörperter Informationen (Daten).

Ausgenommen sind solche Kenntnisse, die allgemein zugänglich sind oder deren Weitergabe bzw. Offenlegung für den Arbeitgeber ersichtlich ohne Nachteil ist. Der Mitarbeiter ist im Zweifelsfall verpflichtet, eine Weisung des Arbeitgebers einzuholen, ob eine bestimmte Information als Geschäftsgeheimnis zu behandeln ist.

Die Geheimhaltungspflicht besteht auch nach Beendigung des Arbeitsverhältnisses. Der Arbeitnehmer kann verlangen, dass der Arbeitgeber der Aufhebung der Geheimhaltungsverpflichtung zustimmt, wenn das Geheimhaltungsinteresse des Arbeitgebers nach Abschluss der Verschwiegenheitsvereinbarung weggefallen ist."

Aufbauend auf dieser allgemeinen Klausel sollte nach Möglichkeit das Geheimnis näher spezifiziert werden.

BEISPIEL FÜR EINE VERSCHWIEGENHEITSKLAUSEL IN DER PRODUZIERENDEN INDUSTRIE

„Der Mitarbeiter ist verpflichtet, die Rezeptur für das Produkt ABC 123 geheim zu halten und keinem Dritten – weder betriebsintern noch betriebsextern – zugänglich zu machen. Der Mitarbeiter wird darauf hingewiesen, dass es sich bei der vorgenannten Rezeptur um ein Geschäftsgeheimnis handelt und dass eine Weitergabe daher sowohl zu Schadenersatzansprüchen des Arbeitgebers als auch zu arbeits- und strafrechtlichen Sanktionen führen kann."

Die Geheimhaltungspflicht besteht auch nach Beendigung des Arbeitsverhältnisses. Der Arbeitnehmer kann verlangen, dass der Arbeitgeber der Aufhebung der Geheimhaltungsverpflichtung zustimmt, wenn das Geheimhaltungsinteresse des Arbeitgebers nach Abschluss der Verschwiegenheitsvereinbarung weggefallen ist."

BEISPIEL FÜR EINE VERSCHWIEGENHEITSKLAUSEL IM KAUFMÄNNISCHEN BEREICH

„Der Mitarbeiter ist verpflichtet, die Kalkulations- und Preisberechnungsgrundlagen für die vertriebenen Produkte im Bereich des Lebensmittelhandels geheim zu halten und keinem Dritten – weder betriebsintern noch betriebsextern – zugänglich zu machen. Der Mitarbeiter wird darauf hingewiesen, dass es sich bei den vorgenannten Kalkulationsgrundlagen um ein Geschäftsgeheimnis handelt und dass eine Weitergabe daher sowohl zu Schadenersatzansprüchen des Arbeitgebers als auch zu arbeits- und strafrechtlichen Sanktionen führen kann.

(Die Geheimhaltungspflicht besteht auch nach Beendigung des Arbeitsverhältnisses. Der Arbeitnehmer kann verlangen, dass der Arbeitgeber der Aufhebung der Geheimhaltungsverpflichtung zustimmt, wenn das Geheimhaltungsinteresse des Arbeitgebers nach Abschluss der Verschwiegenheitsvereinbarung weggefallen ist.)"

BEISPIEL FÜR EINE VERSCHWIEGENHEITSKLAUSEL IM BEREICH IT

„Der Mitarbeiter ist verpflichtet, den Programmcode (d.h. insbesondere Quell-, Zwischen- und Maschinencode) für das Programm ABC 123 geheim zu halten und keinem Dritten – weder betriebsintern noch betriebsextern – zugänglich zu machen. Der Mitarbeiter wird darauf hingewiesen, dass es sich bei dem vorgenannten Programmcode nicht nur um ein urheberrechtlich geschütztes Produkt, sondern auch um ein Geschäftsgeheimnis handelt und dass eine Weitergabe daher sowohl zu Schadenersatzansprüchen des Arbeitgebers als auch zu arbeits- und strafrechtlichen Sanktionen führen kann.

(Die Geheimhaltungspflicht besteht auch nach Beendigung des Arbeitsverhältnisses. Der Arbeitnehmer kann verlangen, dass der Arbeitgeber der Aufhebung der Geheimhaltungsverpflichtung zustimmt, wenn das Geheimhaltungsinteresse des Arbeitgebers nach Abschluss der Verschwiegenheitsvereinbarung weggefallen ist.)"

Durch eine derartige Klausel wird dem Mitarbeiter ausreichend deutlich vor Augen geführt, dass eine Weiterverbreitung zu unterlassen ist, sodass insoweit auch von einer ausreichenden Absicherung der geheimhaltungsbedürftigen Tatsache auszugehen ist und ein Geschäftsgeheimnis angenommen werden kann.

Zudem wird die geheimhaltungsbedürftige Tatsache hierdurch zum Geschäftsgeheimnis. Eine nähere Konkretisierung der Tatsache – etwa eine produktbezogene Rezeptur – ist nicht nur erforderlich, um das Geheimnis für beide Parteien exakt zu bestimmen. Sie grenzt zudem vom sog. verdeckten Wettbewerbsverbot ab. Denn wenn die Geheimhaltungsverpflichtungen so umfangreich sind, dass der Arbeitnehmer faktisch nicht mehr seinen Beruf ausüben kann, kann das einem Wettbewerbsverbot gleichkommen. Der Arbeitnehmer hat ein berechtigtes Geheimhaltungsinteresse des Arbeitgebers durch Geheimhaltung zu beachten, ohne zu weitgehend in seinem beruflichen Fortkommen und Verwertung des Erfahrungswissens behindert zu werden.

Eine spezifische Geheimhaltungsvereinbarung ist erforderlich, soweit ein Arbeitnehmer bei Ausübung seiner Tätigkeit Kenntnis vom Geschäftsgeheimnis erlangt – sei es, weil die Tätigkeit die Kenntnis erfordert oder der Arbeitnehmer anderweitig mit dem Geheimnis in Kontakt kommt.

Eine darüberhinausgehende Verpflichtung des Arbeitgebers, mit jedem seiner Mitarbeiter eine spezifische Verschwiegenheitsvereinbarung zu schließen, um so ein angemessenes Schutzniveau zu erreichen, kommt aus unserer Sicht nicht in Betracht. Durch die individuellen Verschwiegenheitsvereinbarungen mit den Geheimnisträgern und die technischen Sicherungen wird das gesetzlich vorgeschriebene Schutzniveau aus unserer Sicht erreicht, denn jede Kenntnisnahme von der geheimhaltungsbedürftigen Information setzt voraus, dass eine dieser Schutzmaßnahmen überwunden wird. Wenn insbesondere die Verschwiegenheitsvereinbarung mit dem Geheimnisträger einen ausreichenden Schutz gegenüber dem Geheimnisverrat durch diesen selbst darstellt, so muss dies auch für den Fall gelten, dass ein Dritter den per se ausreichenden Schutzstandard durch Druck oder Zwang aushebelt. Alles andere wäre aus unserer Sicht eine deutliche Überdehnung der Anforderungen an ein angemessenes Schutzniveau.

Erhält ein Mitarbeiter unberechtigt und unter Verstoß gegen das Berechtigungskonzept Kenntnis von einem Geschäftsgeheimnis, ist der Arbeitgeber durch die oben genannte pauschale Klausel gegen den Geheimnisverrat geschützt.

5. Vertragsstrafe

Zur zusätzlichen Absicherung der Verschwiegenheitsverpflichtung empfiehlt sich zudem die Aufnahme einer Vertragsstrafe in den Arbeitsvertrag.

BEISPIEL FÜR EINE VERTRAGSSTRAFEN-KLAUSEL

„Für jeden Fall des Verstoßes gegen die zuvor aufgeführte Verschwiegenheitsverpflichtung ist der Mitarbeiter zur Zahlung einer Vertragsstrafe in Höhe von drei durchschnittlichen Bruttomonatsgehältern verpflichtet. Das durchschnittliche Bruttomonatsgehalt berechnet sich aus dem Durchschnitt der letzten zwölf abgerechneten Monate vor dem Pflichtenverstoß bzw. bei beim Pflichtenverstoß bereits ausgeschiedenen Mitarbeitern aus dem Durchschnitt der letzten zwölf Monate vor dem Ausscheiden.

Diese Vertragsstrafe wird mit der Geltendmachung fällig. Die Geltendmachung weitergehender Schadensersatzansprüche durch den Arbeitgeber bleibt vorbehalten.“

Eine absolute Höchstgrenze gilt es hier zwar nicht zu beachten, allerdings droht bei einer unverhältnismäßig hohen Vertragsstrafe deren Unwirksamkeit wegen unangemessener Benachteiligung des Arbeitnehmers, insbesondere wenn das Sanktionsinteresse des Arbeitgebers nicht aufgrund besonderer Umstände (Offenlegung des Geheimnisses) den Wert der Arbeitsleistung (Bruttogehälter) typischerweise übersteigt. Eine unangemessen hohe Strafe wird auch nicht auf das zulässige Maß reduziert, sondern ist insgesamt unwirksam (§ 306 Abs. 2 BGB).

Es empfiehlt sich aufgrund der Bedeutung von Geschäftsgeheimnissen gleichwohl, Vertragsstrafen nicht zu niedrig anzusetzen, z. B. lediglich – wie häufig anzutreffen – in Höhe eines Bruttomonatsgehaltes. Eine Vertragsstrafe in pauschalierter Höhe wird in der Regel nicht genügen, um den aus rechtswidriger Offenlegung des Geschäftsgeheimnisses resultierenden Schaden abzudecken. Die Vertragsstrafe dient insofern weniger der Liquidierung eigener Schäden, sondern vielmehr der Abschreckung des Arbeitnehmers vor vertragswidriger Offenlegung. Eine gewisse Rechtsunsicherheit wegen Festlegung zu hoher Strafen ist aus unserer Sicht ein hinnehmbares Risiko bei der Vertragsgestaltung.

Wie sich aus der Strafklausel weiter ergibt, wird der Regress des Arbeitgebers nach allgemeinen anderen Haftungs-/Anspruchsgrundlagen nicht beschränkt.

6. Spezialgesetzliche Verschwiegenheitsregelungen

Verschwiegenheitsverpflichtungen können sich neben arbeitsvertraglichen Vereinbarungen auch aus bestehenden gesetzlichen Vorgaben ergeben. Einige dieser Bestimmungen sind nachfolgend exemplarisch genannt.

Macht der Arbeitnehmer bei Ausübung seiner Tätigkeit eine Erfindung oder einen technischen Verbesserungsvorschlag im Sinne des Arbeitnehmererfindungsgesetzes, ist diese/r geheim zu halten, bis sie/er frei wird (§ 24 Abs. 2 und § 8 ArbnErfG), d. h. wenn der Arbeitgeber sie durch Erklärung in Textform freigibt. Hintergrund dieser Geheimhaltungspflicht ist, dass eine Anmeldung zum Patent weiterhin möglich bleibt. Eine wesentliche Voraussetzung für die Erlangung von Patentschutz ist, dass die Erfindung „neu“ ist. Alle Erfindungen, die vor der Patentanmeldung veröffentlicht waren, gelten nicht mehr als „neu“ und können keinen Schutz mehr als Patent erlangen. Daher ist die Geheimhaltung sämtlicher Erfindungen für ein Unternehmen so wichtig.

Arbeitnehmervertretungen haben Geschäftsgeheimnisse, die ihnen im Rahmen ihrer amtsbezogenen Tätigkeit zur Kenntnis gelangt sind, umfassend geheim zu halten (§ 79 BetrVG bzw. § 10 BPersVG). Diese bereits bestehende Verpflichtung bleibt von der Neuregelung ausdrücklich unberührt (§ 1 Abs. 3 Nr. 4, § 5 Nr. 3 GeschGehG). Betriebs- und Personalräte unterliegen daher umfassenden Verpflichtungen zur Geheimhaltung der in Ausübung ihrer Tätigkeit erlangten Geschäftsgeheimnisse. Gleiches gilt auch für die Schwerbehindertenvertretung. Bestimmte Gruppen von Beschäftigten unterliegen ebenfalls Geheimhaltungspflichten, etwa Handelsvertreter (§ 90 HGB) oder Auszubildende (§ 13 BBiG).

Auch diese Bestimmungen setzen allerdings voraus, dass bereits ein Geschäftsgeheimnis vorliegt. Es erscheint nicht unwahrscheinlich, dass die Rechtsprechung das Vorliegen zukünftig nach der Definition des GeschGehG beurteilen wird. Bis sich hierzu eine gefestigte Rechtsprechung gebildet hat, ist Arbeitgebern vorläufig dazu zu raten, geheimhaltungsbedürftige Informationen auch als solche zu kennzeichnen und diesen Hinweis zu dokumentieren. Eine gesonderte vertragliche Vereinbarung ist aufgrund des Bestehens einer gesetzlichen Verpflichtung grundsätzlich nicht erforderlich. Es kann aber sinnvoll sein, den Mitarbeitern eine Meldepflicht in Bezug auf neue Geschäftsgeheimnisse aufzuerlegen, damit das Unternehmen dieses Geschäftsgeheimnis dem Schutzkonzept unterwerfen kann.

4. Kapitel. Technische und organisatorische Maßnahmen als Schnittmenge zum Datenschutz

Aus dem Datenschutzrecht kennt man technische und organisatorische Maßnahmen, die aber dort primär dem materiellen Datenschutz (Schutz des Rechtes auf informationelle Selbstbestimmung) und der Datensicherheit (Verfügbarkeit, Integrität etc.) dienen. Hieraus können aber auch in Bezug auf den Schutz von Geschäftsgeheimnissen Maßnahmen als Schnittmenge identifiziert werden. Art. 32 DS-GVO zeigt insofern Schutzmaßnahmen auf, die vom Unternehmer zum Schutz der im Unternehmen vorhandenen Daten zu ergreifen sind. Hiervon sollen einzelne Maßnahmen herausgegriffen werden, die jedenfalls auch mittelbar dem Informationsschutz in dem hier betrachteten Sinne dienen.

I. Zutritts-, Zugriffs- und Zugangskontrolle

Durch datenschutzrechtliche Maßnahmen wie Zutritts-, Zugriffs- und Zugangskontrollen kann auch der Geheimnisschutz verstärkt werden. Diese geeigneten Maßnahmen verhindern die unberechtigte Nutzung von Geräten und Systemen, in denen die vertraulichen Informationen gespeichert sind, und tragen somit zum Schutz von Informationen bei. Grundlegend ist hierbei ein Mechanismus, welcher die Identifikation und Authentisierung von Benutzern und deren Nutzung von vertraulichen Informationen sicherstellt und kontrolliert. Als Sicherheitsmerkmale dienen z. B. Passwörter, Chipkarten und Token. Aber auch diese können nicht abschließend vor unberechtigter Nutzung der Informationen schützen, wenn sie in die falschen Hände gelangen. Es ist wichtig, die vergebenen Berechtigungen auf den Prüfstand zu stellen, zu pflegen und regelmäßig wieder zu überprüfen. Dies kann ausschließen, dass zu weitreichende Berechtigungen oder Berechtigungen an eine unautorisierte Person vergeben werden oder dass diese nicht rechtzeitig aktualisiert werden.

Ein besseres Schutzniveau kann auch gewährleistet werden, indem man im Hinblick auf die Nutzer (und in Anlehnung an die Beschreibung der oben beschriebenen arbeitsrechtlichen Maßnahmen sowie Zugriffsberechtigungssysteme) das „Need-to-know"-Prinzip anwendet. Dabei minimiert man das Risiko der unerlaubten Erlangung, Nutzung und Offenlegung durch die Beschränkung des Nutzerkreises. Dabei erhalten die Nutzer nur Zugriff auf die Informationen, welche sie für ihr Tätigkeitsfeld zwingend benötigen. Dazu müssen Zugriffsrechte in den IT-Systemen etabliert werden. Zugriffsrechte verhindern, dass wechselseitig Mitarbeiter verschiedener Unternehmensbereiche (etwa Produktion, Buchhaltung, Entwicklung) Einsicht in die Daten der jeweils anderen Bereiche erhalten, ohne dass dies für die konkrete Tätigkeit erforderlich wäre.

II. Weitere technisch-automatisierte Maßnahmen

Neben manuellen Maßnahmen kann man sich natürlich auch die Technik zunutze machen, um den Geheimnisschutz im Unternehmen zu unterstützen.

1. Klassifikation von Information

Eine Möglichkeit ist es, zur Klassifikation von Informationen den Azure Rights Management-Dienst aus „Azure Information Protection" (AIP) zum Schutz der Daten zu verwenden. Diesen Dienst kann man für die Office-Anwendungen Word, Excel, PowerPoint und Outlook bzw. als Service Exchange und SharePoint nutzen. Die Office-Konfigurationen, die den Azure Rights Management-Dienst unterstützen, verwenden oft (synonym) den Begriff „Information Rights Management (IRM)".

Diese Anwendungen bieten eine (halb-)automatische Unterstützung für das Rechtemanagement und ermöglichen Benutzern das Anwenden von bestimmten Schutzstufen auf ein gespeichertes Dokument oder auf eine zu sendende E-Mail. Alternativ können Benutzer für Word, Excel und PowerPoint individuell anpassbare benutzerdefinierte Einstellungen für Zugriff, Rechte und Nutzungseinschränkungen festlegen.

2. Enforcement durch IT-Richtlinien

Daneben können DLP-Richtlinien (Data Loss Prevention – Verhinderung von Datenverlust) Bedingungssätze enthalten, um E-Mails zu filtern und Maßnahmen zur Verhinderung von Datenverlusten bei vertraulichen oder sensiblen Inhalten zu ergreifen.

Vertrauliche oder sensible Inhalte sind z. B. persönliche Informationen oder Kreditkarteninformationen. IT-Richtlinien können verwendet werden, wenn sensible Daten erkannt werden, und um Benutzer darauf aufmerksam zu machen, dass sie eventuell Schutz anwenden sollten. Diese Prinzipien können in IT-Richtlinien niedergelegt werden.

3. Schutz von E-Mails

Informationsschutz bedeutet auch die Verhinderung unberechtigter Kenntnisnahme durch Dritte. Für viele E-Mail-Programme gibt es hierzu technische Schutzmechanismen, wie z. B. „Exchange ActiveSync IRM". Darin können Schutzregeln für Outlook-Clients von dem Administrator so konfiguriert werden, dass sie automatisch Schutzvorlagen auf E-Mails für angegebene Empfänger anwenden. Wenn beispielsweise interne E-Mails an die Rechtsabteilung gesendet werden, können sie nur von Mitgliedern der Rechtsabteilung gelesen und nicht weitergeleitet werden. Benutzer sehen den auf die E-Mail angewendeten Schutz vor dem Senden und können diesen standardmäßig entfernen, falls sie ihn für unnötig halten. E-Mails werden automatisch vor dem Senden verschlüsselt und so vor unbefugtem Zugriff geschützt. Weiterhin gibt es Nachrichtenflussregeln, die von einem Administrator konfiguriert werden, um automatisch Schutzvorlagen auf E-Mail-Nachrichten anzuwenden. Diese Regeln basieren auf Eigenschaften wie Sender, Empfänger, Betreff der Nachricht und Inhalt. Diese Regeln ähneln in ihrem Konzept den Schutzregeln – Benutzer können den Schutz jedoch nicht entfernen.

5. Kapitel. Schutzkonzept (Beispiel)

Das nach der zuvor beschriebenen Vorgehensweise für den Geheimnisschutz im Unternehmen etablierte Schutzkonzept ist eine Kombination der folgenden (a) organisatorischen, (b) rechtlichen, (c) personellen, (d) technischen, (e) prozessualen und (f) kommunikativen Maßnahmen, die sich schematisch wie folgt darstellen lassen:

Checkliste: Schutzmaßnahmen

a) Organisatorische Schutzmaßnahmen		
Nr.		
1	Verantwortung für das Informationsmanagement (Geheimnisbeauftragter) festgelegt	❐
2	Kennzeichnung/Klassifikation vorhandener Informationen als Geschäftsgeheimnis ist erfolgt bzw. angewiesen (Erstellung eines „Inventars"/„Trade Secret Registry")	❐
3	Regeln und Dokumentationsmechanismen für den Zugang zu Geschäftsgeheimnissen sind etabliert (Listen, IT-Protokolle etc.)	❐
4	Ablaufplan für Schutz und Rechtsdurchsetzung im Fall von Verstößen gegen das GeschGehG aufgestellt	❐
5	Arbeitsteilige Prozesse auf Geheimnisschutz werden geprüft	❐
b) Rechtliche Schutzmaßnahmen		
Nr.		
1	Verträge mit Mitarbeitern wurden in Bezug auf die Verschwiegenheitsklauseln kontrolliert und angepasst	❐
2	Verträge mit Dienstleistern, Kunden und Kooperationspartnern enthalten angemessene Verschwiegenheitsklauseln und Verbot zum Reverse Engineering	❐
3	Interne Richtlinie mit Hinweisen auf gesetzliche Geheimhaltungspflichten in Arbeitsverträgen, Betriebsvereinbarungen etc. etabliert	❐
4	Detaillierte Vertraulichkeitsvereinbarungen (NDA) in kritischen/unternehmensrelevanten Prozessen sind getroffen und deren Einhaltung wird überwacht	❐
5	Frühzeitige Durchsetzung bei Verletzung (standardmäßig: direkte Klageerhebung nebst Antrag auf Durchführung des Klageverfahrens als Geheimnisschutzstreitsache)	❐
c) Personelle Schutzmaßnahmen		
Nr.		
1	Information der Mitarbeiter über Notwendigkeit des Schutzes von Geschäftsgeheimnissen	❐
2	Nachweis der Kenntnis darüber (Abgabe einer Erklärung durch den Mitarbeiter)	❐
3	Sorgfältige Auswahl des zugangsberechtigten Personals und Reduzierung der Zugangsberechtigungen auf das notwendige Maß	❐
4	Debriefing bei Beendigung des Arbeitsverhältnisse oder Wechsel des Arbeitsplatzes (Einführung von „Exit-Gesprächen")	❐
5	Melde- bzw. Vergütungssysteme für neue Geschäftsgeheimnisse etabliert	❐
6	Clean-Desk-Policy	❐

d) Technische (und bauliche) Schutzmaßnahmen		
Nr.		
1	Berechtigungskonzepte für die relevanten IT-Systeme ist umgesetzt	❒
2	Absicherung des Geländes	❒
3	Trennung der Netzwerke	❒
4	Räumliche Abtrennung kritischer Bereiche, bspw. Forschung und Entwicklung vom Besucherbereich (deutliche Kennzeichnung der Räume mit Zutrittsverboten)	❒
5	IT-Sicherheit/ISMS nach ISO 27001 eingerichtet	❒
6	Werkschutz (Sicherheitspersonal, Zugangskarten)	❒
7	Verschlüsselte Kommunikation (verschlüsselte E-Mails; verschlüsselte Dokumente)	❒
e) Prozessuale Schutzmaßnahmen		
Nr.		
1	Begrenzung des Informationszugangs auf „Need-to-know"-Basis	❒
2	Besucherregelungen (bspw. Voranmeldung, Dokumentation der Teilnehmer bei Meetings, Umgang mit Mobiltelefonen, Abholung der Besucher durch Mitarbeiter, Aufnahme von Fotos etc.)	❒
3	Standardprozesse zum Schutz von Geheimnissen eingeführt (Recruiting und Exit Management, Geheimhaltungsrichtlinie)	❒
f) Kommunikative Schutzmaßnahmen		
Nr.		
1	Schulungen der Mitarbeiter	❒
2	Notfallplan mit internen Berichtsketten bei drohendem Know-how Verlust	❒

6. Kapitel. Zivilrechtliche Ansprüche und Strafvorschriften

I. Wettbewerbsrechtliche Ansprüche

Werden die Rechte des Inhabers eines Geschäftsgeheimnisses verletzt, so gibt ihm das GeschGehG zahlreiche Ansprüche zur Hand, um auf der einen Seite die Verletzung zu unterbinden und um auf der anderen Seite den entstandenen Schaden ersetzt zu erhalten. Bislang erfolgte der Schutz von Betriebs- und Geschäftsgeheimnissen im UWG über eigene Strafvorschriften. Einen eigenen zivilrechtlichen Schutz von Betriebs- und Geschäftsgeheimnissen kannte das UWG selber nicht. Zivilrechtliche Ansprüche auf Schadensersatz und insbesondere Unterlassung folgten vielmehr aus dem allgemeinen Deliktsrecht des Bürgerlichen Gesetzbuchs (BGB). Das GeschGehG regelt nunmehr, vergleichbar mit den weiteren Immaterialgüterrechten, ein eigenes zivilrechtliches Anspruchssystem zum Schutz von Geschäftsgeheimnissen.

1. Anspruch auf Unterlassung, Beseitigung etc.

Zur Verhinderung weiterer Rechtsverletzungen und zur Beseitigung der noch bestehenden Beeinträchtigung gewährt das GeschGehG dem Inhaber eines Geschäftsgeheimnisses umfassende Ansprüche auf

- Unterlassung bei Vorliegen einer Wiederholungs- oder Erstbegehungsgefahr
- Beseitigung der bereits eingetretenen und fortdauernden Beeinträchtigung
- Vernichtung oder Herausgabe sämtlicher Geheimnisträger und vorhandener Kopien im Eigentum oder Besitz des Rechtsverletzers
- Rückruf des rechtsverletzenden Produktes
- Entfernung und Rücknahme des rechtsverletzenden Produktes aus den Vertriebswegen.

a) Verstoß gegen ein Handlungsverbot

Diese Ansprüche stehen dem Inhaber des Geschäftsgeheimnisses gegen den Rechtsverletzer bei einem Verstoß gegen eines der gesetzlich definierten Handlungsverbote zu, also einer rechtswidrigen Erlangung, rechtswidriger Nutzung oder rechtswidriger Offenlegung des Geschäftsgeheimnisses. Das GeschGehG regelt dabei den Katalog der Handlungsverbote abschließend, da dem Inhaber eines Geschäftsgeheimnisses nach der Intention des Gesetzgebers kein absolut ausschließliches Recht zustehen soll. Ziel soll lediglich sein, die Geheimhaltung einer bestimmten Information durch entsprechende Ansprüche zu sichern.

b) Unterlassung und Beseitigung

Voraussetzung sowohl des Unterlassungs- als auch des Beseitigungsanspruches ist eine vorangegangene oder ernsthaft drohende Verletzung der Rechte des Inhabers eines Geschäftsgeheimnisses. Hat ein Dritter gegen ein Handlungsverbot verstoßen und greift zu seinen Gunsten kein Ausnahmetatbestand ein, so ist die erste Voraussetzung für einen Unterlassungs- oder Beseitigungsanspruch erfüllt. Für den Beseitigungsanspruch ist weiter erforderlich, dass die Beeinträchtigung, die durch die Rechtsverletzung eingetreten ist, noch weiter fortdauert.

Für den Unterlassungsanspruch ist das Vorliegen von Erst- bzw. Wiederholungsgefahr erforderlich. Wiederholungsgefahr ist gegeben bzw. diese wird allgemein vermutet, wenn der Rechtsverletzer bereits einmal die Rechte des Inhabers durch sein Verhalten verletzt hat. Hat also ein Rechtsverletzer beispielsweise bereits einmal unbefugt ein Geschäftsgeheimnis an einen Dritten weitergegeben, wird vermutet, dass er einen solchen Verstoß auch künftig wieder begehen wird. Anders als die Wiederholungsgefahr setzt die Erstbegehungsgefahr nicht das Vorliegen einer bereits verwirklichten Verletzungshandlung voraus. Hier ist lediglich erforderlich, dass die Begehung einer Rechtsverletzung ernsthaft droht. So kann der unbefugte Erwerb eines Geschäftsgeheimnisses die ernsthafte Gefahr einer unbefugten Nutzung oder Weitergabe an einen Dritten, mithin eine Erstbegehungsgefahr begründen.

Weder der Unterlassungs- noch der Beseitigungsanspruch setzen ein Verschulden des Rechtsverletzers voraus. Es ist also nicht erforderlich, dass der Rechtsverletzer vorsätzlich oder fahrlässig gehandelt hat. Maßgeblich ist allein, dass die Rechtsverletzung rechtswidrig erfolgte und nicht unter einen Ausnahmetatbestand fällt.

c) Weitere Ansprüche

Das GeschGehG gibt dem Inhaber eines Geschäftsgeheimnisses neben dem Unterlassungs- und Beseitigungsanspruch, noch weitere Ansprüche an die Hand, um den eingetretenen rechtswidri-

III. Durchsetzung der Ansprüche

Steht dem Inhaber eines Geschäftsgeheimnisses ein Anspruch aus dem GeschGehG zu, stellt sich die Frage, wie er diesen effektiv durchsetzen kann. In der Vergangenheit bestanden seitens der Inhaber von Geschäftsgeheimnissen große Vorbehalte, ihre Ansprüche gerichtlich geltend zu machen. Diese Vorbehalte resultierten aus dem in Deutschland geltenden Grundsatz der Öffentlichkeit von Gerichtsverhandlungen. Durch diesen Grundsatz wurden Ansprüche wegen der Verletzung von Betriebs- und Geschäftsgeheimnissen nur verhalten gerichtlich geltend gemacht, da man befürchten musste, dass eine breite Öffentlichkeit Kenntnis von den geheim zu haltenden Informationen erlangt. Um dieser Sorge zu begegnen, wurden besondere Verfahrensregelungen für sog. Geschäftsgeheimnisstreitsachen getroffen, welche die Geheimhaltung der streitgegenständlichen Information während des gerichtlichen Verfahrens sicherstellen sollen.

IV. Außergerichtliche Geltendmachung der Ansprüche

Im Recht des geistigen Eigentums erfolgt die Rechtsdurchsetzung üblicherweise zunächst und überwiegend außergerichtlich. Hierzu hat sich das Instrument der Abmahnung etabliert, da sich hierdurch in der Praxis die überwiegende Zahl der Auseinandersetzungen bereits außergerichtlich erledigen lassen. Erkennt der Verletzer auf eine Abmahnung hin die geltend gemachten Ansprüche an, erübrigt sich ein kostenintensives gerichtliches Verfahren.

1. Begriff und Zweck einer Abmahnung

Bei der Abmahnung handelt es sich letztlich um die außergerichtliche Mitteilung eines Anspruchsberechtigten an den vermeintlichen Verletzer, dass eine konkret bezeichnete Handlung in die Rechte des Anspruchsberechtigten eingreift. Diese Mitteilung ist in der Regel mit der Aufforderung verbunden, das rechtsverletzende Verhalten künftig zu unterlassen und innerhalb einer festgesetzten Frist eine strafbewehrte Unterlassungserklärung abzugeben. Ist die Abmahnung berechtigt, liegt also tatsächlich ein Verstoß vor, kann der Rechtsverletzer die gerichtliche Geltendmachung der Ansprüche (insbesondere Unterlassung, Auskunft, Schadensersatz) dadurch verhindern, indem er die geforderte strafbewehrte Unterlassungserklärung abgibt, die verlangte Auskunft erteilt und seine Schadensersatzpflicht dem Grunde nach anerkennt.

Durch die Abgabe der strafbewehrten Unterlassungserklärung kann der Verletzer die bestehende Wiederholungsgefahr ausräumen und den Unterlassungsanspruch erledigen. Durch das Vertragsstrafenversprechen ist auch der Anspruchsinhaber ausreichend gesichert, denn er kann bei einem erneuten Verstoß direkt aus der Unterlassungserklärung eine entsprechende Vertragsstrafe verlangen. Hieraus ergibt sich dann auch der Vorteil einer außergerichtlichen Abmahnung. Gibt der Rechtsverletzer auf eine berechtigte Abmahnung eine strafbewehrte Unterlassungserklärung ab, kommt der Anspruchsinhaber schnell und kostengünstig zu seinem Recht. Der Rechtsverstoß wird abgestellt und künftige Rechtsverstöße können mit einer Vertragsstrafe geahndet werden.

Die Abmahnung ist jedoch keine Voraussetzung für einen nachgelagerten Gerichtsprozess. Geht der Anspruchsberechtigte also direkt und ohne vorherige Abmahnung gerichtlich gegen einen Rechtsverletzer vor, wird eine entsprechende Klage gerade nicht als unzulässig zurückgewiesen. Gleichwohl kann es ratsam sein, vor der gerichtlichen Geltendmachung der eigenen Ansprüche zuvor außergerichtlich abzumahnen. Unterlässt der Anspruchsberechtigte die außergerichtliche Abmahnung, muss er im Zweifel mit kostenrechtlichen Nachteilen rechnen, denn die Zivilprozessordnung ordnet in §93 ZPO an, dass derjenige Beklagte, der keinen Anlass zur Klageerhebung gegeben hat, auch dann nicht die Kosten des Rechtsstreits zu tragen hat, wenn er den Rechtsstreit verliert. In diesem Zusammenhang wird angenommen, dass die Abmahnung auch dem Rechtsverletzer die Möglichkeit bieten soll, den Rechtsstreit außergerichtlich zu erledigen. Erst wenn dieser auf eine Abmahnung hin keine strafbewehrte Unterlassungserklärung abgibt, bietet er Anlass zur Klageerhebung und muss dann auch die Kosten des Rechtsstreits tragen. Wird er allerdings nicht abgemahnt, hatte er keine Gelegenheit, ein Gerichtsverfahren durch die Abgabe einer strafbewehrten Unterlassungserklärung abzuwenden.

2. Inhalt einer Abmahnung

Um ein Gerichtsverfahren zu vermeiden, den Rechtsstreit also erschöpfend außergerichtlich zu erledigen, muss die Abmahnung so gefasst sein, dass keine Zweifel darüber bestehen, welcher Verstoß geahndet wird und welche Ansprüche geltend gemacht werden. Hieraus ergibt sich dann auch der Inhalt einer ordnungsgemäßen Abmahnung. In einem ersten Schritt legt der Anspruchsteller dar, dass und warum er berechtigt ist, die geltend gemachten Ansprüche zu verfolgen. Der Inhaber eines Geschäftsgeheimnisses muss also zunächst darlegen, dass er tatsächlich Inhaber des betroffenen Geschäftsgeheimnisses ist und deswegen auch berechtigt ist, die Ansprüche geltend zu machen.

Hauptteil der Abmahnung ist die Darstellung des abgemahnten Rechtsverstoßes. Das beanstandete Verhalten ist so konkret wie möglich darzulegen, sodass der Empfänger der Abmahnung nachvollziehen kann, welches Verhalten konkret Gegenstand der Abmahnung ist. Grundsätzlich muss also dargelegt werden, um welches Geschäftsgeheimnis es sich im Rahmen der Abmahnung tatsächlich handelt. An dieser Stelle ist bei der Abfassung der Abmahnung besondere Vorsicht geboten, denn mit der vollständigen Offenlegung des streitgegenständlichen Geschäftsgeheimnisses liefe der Anspruchsteller Gefahr, dass er das Geschäftsgeheimnis offenbart. Diese Offenbarung des Geschäftsgeheimnisses könnte jedoch dazu führen, dass die betroffene Information künftig nicht mehr als Geschäftsgeheimnis zu qualifizieren ist, weil diese Information in diesem Moment nicht mehr geheim ist und auch nicht weiter Gegenstand einer Geheimhaltungsmaßnahme. Vor diesem Hintergrund sollte der Verstoß zwar so genau wie möglich beschrieben werden, dass das beanstandete Verhalten für den Rechtsverletzer nachvollzogen werden kann. Allerdings sollte dabei darauf geachtet werden, dass das Geschäftsgeheimnis lediglich soweit wie es zwingend erforderlich ist beschrieben wird, ohne die Information, die das Geschäftsgeheimnis ausmacht, zu offenbaren. Erforderlich ist, dass der Rechtsverletzer aus den Darstellungen in die Lage versetzt wird, sich gegen den Vorwurf entweder zu verteidigen oder den Vorwurf anzuerkennen.

Ein weiterer wesentlicher Inhalt einer Abmahnung ist die Aufforderung zur Abgabe einer strafbewehrten Unterlassungserklärung innerhalb einer vom Anspruchsteller gesetzten Frist. Zudem soll darauf hingewiesen werden, dass der Anspruchsteller gerichtlich gegen den Rechtsverletzer vorgehen werde, sollte dieser die geforderte Unterlassungserklärung nicht abgeben. Auch das dient dem Zweck, ein gerichtliches Verfahren zur Durchsetzung der Ansprüche zu vermeiden. Hierbei empfiehlt es sich, der Abmahnung bereits eine vorformulierte Unterlassungserklärung beizufügen, welche der Rechtsverletzer unterzeichnet zurückzusenden hat, um die Angelegenheit zu erledigen.

V. Verfahren in Geschäftsgeheimnisstreitsachen

1. Die Gefahrenlage

Im deutschen Zivilprozess gilt der Grundsatz der Öffentlichkeit. Zur Überprüfung der richterlichen Arbeit werden mündliche Verhandlungen vor ordentlichen Gerichten in der Regel nicht unter Ausschluss der Öffentlichkeit geführt. Jeder hat danach das Recht, an einer mündlichen Verhandlung als Zuschauer teilzunehmen. Dieses Recht steht dabei nicht nur der breiten Bevölkerung zu, sondern auch direkten Wettbewerbern, die zwar nicht Partei in einem bestimmten Rechtsstreit sind, aber ein Interesse am Inhalt und Ausgang eines Verfahrens über ein Geschäftsgeheimnis haben. Vor diesem Hintergrund ist es nicht verwunderlich, dass Inhaber von Geschäftsgeheimnissen regelmäßig den Gang vor ein ordentliches Gericht zur Geltendmachung der eigenen Ansprüche scheuen. Durch eine öffentliche Verhandlung läuft der Inhaber eines Geschäftsgeheimnisses Gefahr, dass seine vertrauliche Information öffentlich bekannt und für jedermann verwertbar wird. Aber auch der Schutz als Geschäftsgeheimnis hängt nach der neuen Definition davon ab, dass die Information weder insgesamt noch in ihren Einzelheiten öffentlich bekannt ist. Der Inhaber eines Geschäftsgeheimnisses würde also bei der gerichtlichen Geltendmachung seiner Ansprüche das Risiko eingehen, dass das Geschäftsgeheimnis seinen Schutz verliert, weil es Gegenstand eines öffentlichen gerichtlichen Verfahrens geworden ist.

2. Die Geschäftsgeheimnisstreitsache

Diese Gefahr hat der europäische Richtliniengeber erkannt. Mit dem GeschGehG werden Neuregelungen geschaffen, die sicherstellen sollen, dass ein Geschäftsgeheimnis nicht im Rahmen eines Gerichtsverfahrens preisgegeben werden muss. Der Inhaber eines Geschäftsgeheimnisses kann hiernach einen Antrag stellen, wonach das Verfahren als sog. Geschäftsgeheimnisstreitsache nicht öffentlich durchgeführt werden soll. Stellt der Inhaber einen entsprechenden Antrag und hilft das Gericht diesem Antrag ab, so dürfen die Verfahrensbeteiligten ein Geschäftsgeheimnis, das Gegenstand des Verfahrens ist, nicht offenlegen oder nutzen. Diese Pflicht zur Geheimhaltung gilt dann auch nach dem Prozessende. Um das Gericht davon zu überzeugen, dass eine Information als geheimhaltungsbedürftig einzustufen ist, reicht es zunächst auch aus, die Qualität einer Information als Geschäftsgeheimnis glaubhaft zu machen. Einen vollen Nachweis, dass tatsächlich ein Geschäftsgeheimnis vorliegt, muss der Inhaber zu diesem Zeitpunkt noch nicht erbringen.

Hat das Gericht eine Information als geheimhaltungsbedürftig eingestuft, kann es begleitende Maßnahmen zum Schutz der Geheimhaltung während des Verfahrens ergreifen. So kann beispielsweise der Personenkreis beschränkt werden, der Zugang zu den Dokumenten erhält, in denen das Geschäftsgeheimnis enthalten ist.

3. Durchsetzung der Geheimhaltung

Um die Geheimhaltungspflicht auch wirksam und effektiv durchsetzen zu können, kann das Gericht bei einer Verletzung dieser Pflicht ein Ordnungsgeld in Höhe von bis zu 100.000 EUR verhängen. Bei der Bemessung der Höhe hat das Gericht die wirtschaftliche Bedeutung eines Geschäftsgeheimnisses zu berücksichtigen.

Neben den Ordnungsmaßnahmen des Gerichts steht es dem Inhaber eines Geschäftsgeheimnisses selbstverständlich frei, den weiteren Verstoß gegen die Geheimhaltung zusätzlich zivilrechtlich zu verfolgen, denn in der erneuten Offenlegung liegt eine weitere Verletzung der Rechte des Inhabers eines Geschäftsgeheimnisses.

VI. Besonderheit: Eilrechtsschutz

Im gesamten Recht des geistigen Eigentums hat sich vor der Einleitung einer normalen Klage etabliert, seinen Unterlassungsanspruch im Rahmen eines Eilverfahrens geltend zu machen. Ziel ist es hierbei, eine schnelle Entscheidung des Gerichts über den geltend gemachten Unterlassungsanspruch herbeizuführen, um ebenso schnell den anhaltenden Verstoß durch den Kontrahenten zu beenden. Der Vorteil eines solchen Eilverfahrens ist, dass bereits innerhalb weniger Tage ein vollstreckbarer Titel erwirkt werden kann.

1. Ziel eines Eilverfahrens

Ausgangspunkt ist dabei der Antrag auf Erlass einer sog. einstweiligen Verfügung. Hat der Rechtsverletzer auf die Abmahnung hin innerhalb der gesetzten Frist nicht die eingeforderte strafbewehrte Unterlassungserklärung abgegeben, so kann der Inhaber eines Geschäftsgeheimnisses beim zuständigen Gericht den Erlass einer einstweiligen Verfügung beantragen. Oft ergeht eine einstweilige Verfügung dann innerhalb weniger Tage und ohne eine mündliche Verhandlung durch einen gerichtlichen Beschluss. In der Vergangenheit war es oftmals auch so, dass vor dem Erlass der einstweiligen Verfügung der Rechtsverletzer auch nicht vom Gericht angehört wurde. Insbesondere dann, wenn das Gericht von der Rechtsverletzung überzeugt ist, erfährt der Rechtsverletzer erst mit der Zustellung der einstweiligen Verfügung davon, dass gegen ihn ein zivilrechtliches Verfahren geführt wurde. Nach einer aktuellen Entscheidung des Bundesverfassungsgerichts gehen die Gerichte allerdings nunmehr dazu über, dem (vermeintlichen) Rechtsverletzer zumindest die Möglichkeit zur Stellungnahme zum Antrag auf Erlass einer einstweiligen Verfügung zu geben. Hierdurch soll prozessual Waffengleichheit hergestellt werden.

2. Voraussetzungen für den Erlass einer einstweiligen Verfügung

Damit der Antrag auf Erlass einer einstweiligen Verfügung erfolgreich ist, müssen zwei Voraussetzungen erfüllt sein. Der Antragsteller muss einen Verfügungsgrund (Dringlichkeit) darlegen und einen Verfügungsanspruch haben.

a) Vorliegen eines Verfügungsgrundes

Mit dem Verfügungsgrund ist die Dringlichkeit gemeint, die den Antragsteller zwingt, ein Eilverfahren und nicht ein normales Klageverfahren führen zu müssen. Der Antragsteller muss darlegen und glaubhaft machen, dass er ohne den Erlass einer einstweiligen Verfügung in erheblicher Weise in seinen Rechten beeinträchtigt ist und dies durch ein Zuwarten auf eine normale Gerichtsentscheidung noch verschärft wird. Hintergrund ist, dass das Eilverfahren prozessual die Ausnahme bildet. Es bedarf daher eines besonderen Grundes, warum ein Anspruch ausnahmsweise im Rahmen eines Eilverfahrens geltend gemacht werden darf. Zur Wahrung der Dringlichkeit haben die Gerichte zudem Fristen festgelegt, nach deren Ablauf eine einstweilige Verfügung mangels Dringlichkeit nicht mehr erlassen wird. Die Fristen betragen zwischen vier bis sechs Wochen, wobei diese Fristen je nach angerufenem Gericht im Einzelfall auch länger sein können.

b) Vorliegen eines Verfügungsanspruches

Mit dem Verfügungsanspruch ist letztlich der Anspruch des Inhabers eines Geschäftsgeheimnisses gegen den Rechtsverletzer gemeint, also beispielsweise der Anspruch auf Unterlassung. Anders als bei einer normalen Klage muss der Inhaber eines Geschäftsgeheimnisses die Rechtsverletzung nicht vollständig beweisen. Für einen erfolgreichen Antrag auf Erlass einer einstweiligen Verfügung reicht es zunächst aus, dass die Rechtsverletzung glaubhaft gemacht wird. Der Unterschied ist dabei, dass ein geringerer Grad an Wahrscheinlichkeit für die anspruchsbegründenden Tatsachen ausreicht. Der angerufene Richter muss das Vorliegen der behaupteten Tatsachen lediglich für wahrscheinlich halten.

3. Vollziehung einer einstweiligen Verfügung

Konnte der Inhaber eines Geschäftsgeheimnisses sowohl das Vorliegen eines Verfügungsgrundes als auch eines Verfügungsanspruches glaubhaft machen, erlässt das Gericht die beantragte einstweilige Verfügung und stellt diese dem Antragsteller zu. Eine weitere Besonderheit des Eilverfahrens liegt dann darin, dass der Antragsteller die einstweilige Verfügung im Parteibetrieb, also selber an den Rechtsverletzer förmlich zustellen muss. Für die Zustellung sieht die Zivilprozessordnung starre Fristen vor. Der Antragsteller muss danach die einstweilige Verfügung binnen eines Monats an den Rechtsverletzer zustellen. Wann diese Monatsfrist zu laufen beginnt, hängt davon ab, wie die einstweilige Verfügung ergangen ist. Ist sie ohne mündliche Verhandlung als Beschluss ergangen, so beginnt die Frist an dem Tag, an dem die einstweilige Verfügung an den Antragsteller durch das Gericht zugestellt wurde. Ist die einstweilige Verfügung nach einer mündlichen Verhandlung als Urteil ergangen, beginnt die Frist bereits am Tag der Verkündung des Urteils, unabhängig davon, ob das Urteil auch bereits zugestellt wurde.

Wurde die einstweilige Verfügung wirksam und ordnungsgemäß zugestellt, muss sie vom Rechtsverletzer befolgt werden. Verstößt er zu einem späteren Zeitpunkt gegen das Unterlassungsgebot, so kann der Inhaber des Geschäftsgeheimnisses aus der einstweiligen Verfügung vollstrecken und ein Ordnungsmittel beantragen.

VII. Strafvorschriften

Flankiert werden die zivilrechtlichen Ansprüche des Inhabers eines Geschäftsgeheimnisses von Strafvorschriften. Die Strafvorschriften des GeschGehG entsprechen im Wesentlichen den strafrechtlichen Regelungen des UWG, sodass sich in dieser Hinsicht die Rechtslage kaum verändert hat. Auch weiterhin stellt die rechtswidrige Erlangung, Nutzung oder Offenbarung eines Geschäftsgeheimnisses auch eine Straftat dar. Das Strafmaß reicht von einer Geldstrafe bis hin zu einer Freiheitsstrafe von bis zu fünf Jahren. Darüber hinaus wird auch ausdrücklich der Versuch unter Strafe gestellt.

Stichwortverzeichnis

Notizen